ein Ullstein Buch

ÜBER DAS BUCH:

Millionen träumen von dem, was Kathrin Rüegg erreicht hat – aus der Karrierefrau in der Stadt wurde eine fröhliche Kleinbäuerin in einem Tessiner Bergdorf. Ein arbeitsreiches, befriedigendes Leben hat sie dort gefunden, ein Leben, von dem sie zur Freude ihrer riesigen Lesergemeinde auch in ihrem sechsten Buch berichtet. Darin geht es vor allem um Nutz- und Haustiere. Kathrin Rüegg hat eine Menge praktischer, teils recht unkonventioneller Erfahrungen gesammelt und gibt sie hier weiter. Die ersten Waisenlämmchen, die sie aufzuziehen versuchte, wären gewiß am Leben geblieben, hätte sie damals die richtige Ersatzmilch-Formel gekannt. Und wie man einer Ziege in den Wehen beisteht, will ebenfalls gelernt sein. Daß bei all dem stets auch Menschen mitspielen – Gäste, Leute aus dem Dorf –, ist selbstverständlich. Kathrin wird in diesem Buch übrigens fünfzig, und niemanden wird es verwundern, daß sie ihren Geburtstagsabend im Gemeinschaftsstall von Froda verbringt...

DIE AUTORIN:

Kathrin Rüegg, im März 1930 in Arosa geboren. Mit siebzehn Handelsdiplom; Fremdsprachenkorrespondentin; Direktionssekretärin. Ab 1951 zunächst als Hobby Ankauf alter Möbel bei Trödlern, dann nebenamtlicher Antiquitätenhandel. 1961 Eröffnung eines eigenen Geschäfts in Basel. 1971 Entschluß, ihre Karriere aufzugeben und ins geliebte Tessin zu ziehen. 1975 erscheint ihr erstes Buch über das neue Leben, *Kleine Welt im Tessin* (UB 20674), und wird ein überragender Erfolg.

# Kathrin Rüegg

# Großer Stall – kleines Haus

Tessiner Tagebuch

ein Ullstein Buch

ein Ullstein Buch
Nr. 20860
im Verlag Ullstein GmbH,
Frankfurt/M – Berlin

Ungekürzte Ausgabe

Umschlagentwurf:
Hansbernd Lindemann
Foto: Paul Freitag
Alle Rechte vorbehalten
Taschenbuchausgabe mit Genehmigung
der Albert Müller Verlag AG,
Rüschlikon-Zürich
© Albert Müller Verlag AG,
Rüschlikon-Zürich, 1980
Printed in Germany 1987
Druck und Verarbeitung:
Presse-Druck Augsburg
ISBN 3 548 20860 6

Januar 1988

Von derselben Autorin
in der Reihe der
Ullstein Bücher:

Kleine Welt im Tessin (20674)
Dies ist mein Tal – dies
ist mein Dorf (20675)
Mit herzlichen Tessiner Grüßen (20747)
Nach jedem Winter kommt
ein Sommer (20769)
Von Lämmern und Leuten
in Froda (20820)

CIP-Kurztitelaufnahme
der Deutschen Bibliothek

**Rüegg, Kathrin**
Großer Stall – kleines Haus : Tessiner
Tagebuch / Kathrin Rüegg. – Ungekürzte Ausg. –
Frankfurt/M ; Berlin : Ullstein, 1988
  (Ullstein-Buch ; Nr. 20860)
  ISBN 3-548-20860-6

NE: GT

*Für meinen Bruder Christian. Er kommt zwar in diesem Buch nicht vor. Mein Bericht wurde für ihn geschrieben. Früher oder später wird auch er denselben Weg wie ich gehen: denjenigen für Tiere und mit ihnen.*

Alle beschriebenen Orte, Menschen und Tiere existieren. Ihre Namen wurden teilweise geändert.

Eine Art Wohnzimmer. Etwa fünf mal dreieinhalb Meter groß. L-förmig an der Wand zwei Betten mit Rückenkissen, damit das Ganze tagsüber als Sitzgelegenheit dienen kann. Zufallsmobiliar: ein Büchergestell, ein Eß-Schreib-Arbeits-Spieltisch, sieben mit Schaffellen bedeckte Stühle. Ein defekter Fernsehapparat, Berge von Büchern, Berge von Schallplatten, ein Kamin, der nicht ziehen will, ein Ölofen, angefangene Stricksachen, drei Spinnräder. Unterm Wandbrett für Telefon und Radio eine Nähmaschine im Koffer. An den Wänden Vergrößerungen von Katzenfotos. Am Boden eine Reihe ausgelatschter Schuhe, zwei leere Katzenteller, eine Gitarre, eine kleine Handharmonika, ein Wecker, ein Plattenspieler. Auf einem der Betten ein schlafender Hund.

In einer Ecke auf dem Tisch eine Katze, die sich eifrig wäscht, an der andern Ecke eine Schreibmaschine, die zu klappern begonnen hat, um ein neues Buch zu schreiben.

«Bitte, sagen Sie mir doch, wie man ein Buch schreibt, ich möchte gerne ein berühmter Schriftsteller werden.» So fragte mich vor einiger Zeit ein sechzehnjähriger Junge.

«Lieber Nöldi», antwortete ich ihm. «Wie ‹man› Bücher schreibt, weiß ich nicht. Ich weiß bloß, wie ich es mache:

Ich nehme einen roten Faden – diesmal nicht

einen, den ich aus Wolle mit dem Spinnrad drehe, sondern ein Grundthema, das sich durch ein ganzes Buch zieht. Um dieses Thema herum webe ich meine Eindrücke, meine Ansichten, Erfahrungen, meine Gefühle. Spinnen und Weben machen mir nicht nur manuell, sondern auch mit Worten Spaß.»

Und ob es Spaß macht! Es macht mir Spaß, zu schreiben. Aus vielerlei Gründen. Ich sehe vor mir die interessierten Gesichter einer Leserschar, zwar anonym, aber doch von meinen Signierreisen her vertraut. Da sind die Briefe mit den vielfältigen Fragen. Da sind auch meine Beobachtungen, die andern vielleicht nützen, wenn ich sie weitergebe. Da ist auch das Geld, das ich mit meiner Schreiberei verdiene. Nicht daß ich dadurch auf den Gedanken käme, meinen Lebensstil auch nur um einen Deut zu ändern. Aber ich kann damit Pläne verwirklichen, von denen ich früher kaum zu träumen wagte. Pläne, die es mir zum Beispiel ermöglichen, junge Menschen den Sinn des Lebens zu lehren.

Eines allerdings kann ich Nöldi nicht sagen: Wie man Schriftsteller wird. Ein solcher sublimiert die Dinge, übersetzt sie gewissermaßen, spricht in Gleichnissen, bildet aus den Charakteren verschiedener Personen eine neue Person. Das kann ich nicht. Wenn ich schreibe, was Onkel

Arthur tut und sagt, wie Susi denkt, wie Margrith spricht, dann bin ich nur noch Berichterstatter und möchte auch als solcher verstanden werden. Zum besseren Verständnis: ein Schriftsteller ist ein Maler. Das was ich schreibe, kann man dagegen mit fotografieren vergleichen.

Der rote Faden dieses Buches nun sollen die Tiere sein. Meine Tiere. Ganz gewöhnliche Nutztiere. Schaf, Huhn, Kaninchen, allerhand Federvieh und ein Hund, sieben Katzen. Ein Leser wünschte zwar von mir im nächsten Buch über Wühlmäuse und Singvögel zu lesen. Nutztiere zu beobachten sei sehr einfach. Hoffentlich verzeiht er mir, wenn ich seiner Anregung nicht folge. Dafür sind mir aber vielleicht zum Beispiel Kleintierhalter dankbar, wenn ich genau erkläre, wie wir mutterlose Lämmer aufziehen oder Ziegenhebammen sind. So einfach ist auch der Umgang mit Nutztieren nicht, wenn man sie optimal halten will.

Was ich um den Tier-Faden herumwebe? Da sind die Mitbewohner meines viel, aber viel zu kleinen Hauses. Da ist unser Dorf, unser ganzes Tal.

Wir leben auf dem Lande. Wir ernähren und kleiden uns wo immer möglich mit dem, was wir selbst produzieren. Wir leben mit Tieren, von ihnen und für sie. Wir versuchen, jene Geheimnisse wiederzufinden, die vom Fortschritt der Zivilisation überrollt und verdrängt worden sind. Wir versuchen auch, uns eine eigene, vom gesunden Menschenverstand diktierte Meinung zu vielen aktuellen Fragen zu bilden. Sage ich «wir», dann sind dies im Augenblick in erster Linie die bald fünfundzwanzigjährige Susi, der vierundzwanzigjährige Remo, die bald neunzehnjährige Margrith und ich. Ich habe noch diese Woche meinen fünfzigsten Geburtstag. Spinnrad schnurre, Webstuhl (und Schreibmaschine) klappere!

*

Lebewesen werden geboren. Bei einer Geburt dabei zu sein – auch wenn zu bestimmten Jahreszeiten täglich etliche erfolgen – erfüllt mich immer aufs neue mit einer sanften, warmen, wohligen Freude. Hat ein Tier meine Hilfe nötig, kann ich ihm wirklich beistehen: stolz bin ich darauf nicht – aber sehr glücklich. Gestern zum Beispiel, gestern war genau solch ein Tag:

Wir sind in der ersten Märzwoche. Unsere gegenwärtige Hauptarbeit ist, wie letztes Jahr, die Betreuung der Schafe im Gemeinschaftsstall des Dorfes.*) Wir vier tun die Arbeit meist alle mitein-

---

*) Dieses Jahr sind es fünf verschiedene Besitzer, die uns wintersüber ihre Schafe anvertraut haben.

ander. Susi fährt allerdings zuerst ins nächste Dorf, nach Rasco, um in ihrer Forellenzucht die Fische zu füttern, die Zu- und Ablaufkanäle zu kontrollieren und nötigenfalls zu reinigen.

Wenn wir die Schiebtüre des Stalles öffnen, wird uns nicht nur in allen Tonlagen entgegengeblökt. Ausser unsern hundertzwanzig Schafen mit etwa neunzig Lämmern meckern auch noch achtzig Ziegen und fünfzig Zicklein. Diese gehören Elio, einem jungen Bauern aus dem nächstunteren Dorf. Es ist nun etwa vierzehn Tage her, seitdem die ersten Zicklein zur Welt gekommen sind. Unsere Schafe gebären ihre Lämmer meist still und leise über Nacht. Am Morgen finden wir dann ein auf wackligen Beinchen hinter seiner Mutter daherstelzendes Wollewesen. Wir bringen Mutter und Kind für einige Tage in eine Einzelboxe. Dort können wir sowohl die Lämmchen als auch die Mutter kontrollieren. Hat keines Durchfall? Ist genug Milch vorhanden? Die Mutter erhält auf diese Art auch eine größere Portion Kraftfutter und Vitamine. Daß wir ihr extra-gutes Heu oder Emd geben, ist klar.

Bei Elios Ziegen dagegen, da ist Gebären oft eine dramatische Angelegenheit. Nicht jede, aber ich denke so jede vierte oder fünfte braucht Hilfe. Elio hat neben seiner Herde in unserem Stall noch dreißig weitere Tiere. Er besorgt alle allein. Nun tritt eben der Fall ein, daß wir unsere Schafe füttern und dann jene besonderen gequälten, gepreßten Schreie hören, mit denen uns eine Ziege ihren Mutterschmerz mitteilt. Elio können wir nicht erreichen. Was also tun? Vorerst nichts anderes, als der Ziege ein bißchen hartes Brot geben und sie streicheln. Zu wissen, daß sie nicht allein ist, beruhigt sie.

Bald wird die wassergefüllte Fruchtblase sichtbar. Sie platzt von selbst. Die Ziege schreit, preßt, zwei Kitzfüße erscheinen. Wir wären versucht, daran zu ziehen. Aber vorläufig warten wir lieber. Wahrscheinlich kann man mit Zuviel-helfen-wollen mehr schaden als nützen. Zudem wissen wir, daß zumindest die Lage des Kitzes richtig ist. Sowohl beim Schaf wie bei der Ziege setzt das Kind mit gestreckten Vorderbeinen zu einem Kopfsprung in die Welt an. Nun sehen wir auch das Mäulchen des Kitzes, seine Zungenspitze. Ganz sanft ziehe ich – sobald die Mutter preßt – abwechslungsweise am rechten und am linken Bein leicht gegen abwärts. Der Kopf ist nun draußen. Das Kitz schreit, bevor es ganz aus dem Mutterleib geglitten ist, flutscht uns aus den Händen, landet am Boden. Wir reinigen sein Gesicht. Es versucht bereits, am Finger zu saugen. Wir wischen es mit etwas Stroh ab, legen es vor die Mutter, damit sie es trockenlecken kann. Aber seltsam: sie interessiert sich nicht für ihr Kind. Noch nicht. Denn sie schickt sich an, ein zweites Zicklein zu gebären. Auch ohne unsere Hilfe geht es diesmal einfach und schmerzlos.

So, nun liegen beide Kinder vor der Mutter. Jetzt werden sie auch geleckt und getrocknet. Ihre schwarzen Felle sind leicht gelockt und glänzen wie Seide. Dem einen sieht man ohne «örtliche» Kontrolle an, daß es ein Böckchen ist. Es hat einen drolligen, dicken, rundlichen Kopf. Wir binden die neue Mutter etwas abseits von den andern Ziegen an, damit keine den Kindern wehtun kann. Ich weiß nicht, ob die Ziegen aller Rassen so streitsüchtig und grob miteinander umgehen. Bei den unsrigen kommt noch dazu, daß auch die Weibchen mit langen und recht spitzen Hörnern bewehrt sind. Leicht kann es dann eben geschehen, daß ein Kitz von der Nachbarin seiner Mutter getreten oder sehr unsanft gestoßen wird.

Die neue Familie ist sicher untergebracht. Wir wenden uns wieder den Schafen zu. Streu müssen wir noch geben und die Mineralsalzbecken auffüllen.

Wiederum schreit eine Ziegenmutter. Heute geht es offenbar bei uns zu wie im Gebärsaal einer Klinik bei Vollmond. Ein Blick auf den Kalender: es *ist* Vollmond. Margrith bleibt als Beruhigungs-Krankenschwester bei der Ziege. Wir arbeiten weiter. Remo und Susi gehen nach Hause, um das Frühstück zu richten. Die Ziege schreit. Sie hat aber nur ganz schwache Wehen. Lange Zeit vergeht. Wir haben nie eine Uhr, aber wir wissen, daß eine Minute doppelt so lange dauert, wartet man auf etwas.

Endlich, endlich sehen wir die beiden Füßchen. Sanftes Ziehen. Das linke Bein läßt sich bewegen. Das Köpfchen wird sichtbar. Das rechte Bein sitzt irgendwie oder irgendwo fest wie in einem Schraubstock. Stärker ziehen. Nichts. Sobald ich den Fuß loslasse, gleitet er wieder zurück in den Mutterleib.

Wir werden nervös. Wir können doch das Kitz nicht sterben lassen. Was würde Elio von uns denken?

Vor ein paar Tagen hat er eine alte Frau zu Hilfe gerufen. Eine Hebamme. Eine Menschen-Hebamme. Der habe ich damals gründlich auf die Finger geschaut. Gottseidank. Ich weiß, was sie tat – und werde nun dasselbe versuchen. Margrith rast ins nächste Haus, um sich ein Becherchen voll Salatöl geben zu lassen. Sie schüttet mir davon auf die hohle Hand, die ich gründlich mit Seife gewaschen habe. Ich versuche, das Öl in den Geburtsgang zu bringen, ihn mit leichter Massage zu erweitern. Dann gleite ich mit meiner Hand in den Leib. Meine Mutter hat oft über meine kleinen

Hände gelächelt und mir prophezeit, ich würde Hebamme. Liebe Mama, wenn Du wüßtest, daß ich es nun bin! Eine sehr verzweifelte und ratlose Hebamme allerdings, denn im Ziegenbauch drin erfühle ich diverse Beinchen und mehr als einen Kopf. Wiederum ziehe ich an den beiden nun gut sichtbaren Beinen. Das rechte sitzt fest!

«Da, da kommt noch ein drittes Bein zum Vorschein. Sieh, hier, unter dem Kinn des Kitzes.» Margrith hat es entdeckt.

«Jetzt trau ich mich nicht mehr. Da muß der Tierarzt her.»

«Aber bis der da ist, das dauert doch mindestens eine Stunde. Bitte, bitte, hilf ihr.»

Also öle ich alles nochmal ein. Margrith kommt auf die gloriose Idee, an jenem Beinchen zu ziehen, das unter dem Kinn liegt. Hurra – das geht! Die beiden Zicklein purzeln förmlich heraus. Wir befreien sie vom Schleim. Das zweite atmet sofort. Das erste liegt leblos am Boden.

«Mund-zu-Mund-Beatmung machen!»

Meine Margrith, die vor ein paar Monaten noch kaum Blut an einem Finger sehen konnte, kniet mist- und strohbedeckt neben mir am Boden, bläst in den Mund des kleinen schleimigen Wesens. Man könnte wohl sagen, ein neugeborenes Tier sehe unappetitlich aus. Aber es pocht an all unsere Mutterinstinkte. So beachten wir weder

Schleim noch Blut noch Exkremente, wünschen uns bloß, das Kind zum Atmen zu bringen. Margrith drückt dem Tier den Brustkasten rhythmisch zusammen. Nichts. Nun tätscheln wir es, dann geben wir ihm kleine Ohrfeigen. Einer, der da zuschaute und nichts davon verstünde, würde sagen, wir gehen recht unsanft mit ihm um. Wir spritzen ihm kaltes Wasser ins Gesicht. Schließlich halte ich es an den Hinterbeinen hoch und schwinge es wie ein Uhrpendel hin und her. Wir legen es wiederum auf den Boden, reiben es mit Stroh ab.

Jetzt, jetzt zuckt es. Es atmet tief ein. Gerettet! Wir fallen vor Freude Mama Ziege um den Hals. Wir streicheln sie und bringen ihr als erstes einen Kübel lauwarmes Wasser zum Trinken. Mir fällt immer wieder auf, daß die Tiermütter nach der Geburt ungemein durstig sind. Die Schafe können sich an den Selbsttränken bedienen. Die angeketteten Ziegen sind auf unsere Aufmerksamkeit angewiesen.

Elio kommt, wir präsentieren ihm den Zuwachs. Er entschuldigt sich verlegen. Er kann wirklich nichts dafür, daß seine Ziegen sich immer genau den Zeitpunkt aussuchen, zu gebären, wenn er nicht da ist. Wenn Elio bloß die geringste Ahnung hätte, wie gern wir seinen Tieren und damit ihm helfen.

Auf dem Heimweg sprechen wir darüber, daß

wir von Geburtshilfe viel, viel mehr wissen sollten. Es gibt wohl kaum irgendwo Geburtshelferkurse für Schaf- und vor allem für Ziegenhalter. Könnte man das nicht organisieren? Wir bräuchten einen Tierarzt, eine Herde, bei der in einer möglichst kurzen Zeitspanne viele Geburten zu erwarten sind. Wir könnten gewiß auch die Frauen von Ziegenhaltern interessieren. Mir scheint, Hebammendienst sei eigentlich Frauensache. Die Unterkunftsmöglichkeiten der Kursteilnehmer müßten wir noch ausfindig machen. Haben wir all diese Fragen geklärt, gibt es möglicherweise nächstes Jahr Ende Februar ungewohnten Betrieb in Froda – und zweifellos dankbare Ziegenmütter ...

*

Ich mag Kalendersprüche. Irgendwo, vor langer, langer Zeit habe ich einen besonders hübschen, beherzigenswerten gelesen:

Nichts ist so ansteckend wie das Beispiel!

Das stimmt!

Da braucht doch nur einer unserer kleinen, zusammengewürfelten Familie am Morgen mit mürrischem Gesicht herumzulaufen. Wenn der zweite seinem Beispiel folgt, wenn schon zwei einen Zwanzig-nach-acht-Uhr-Mund machen, dann ist, um mit Margriths Worten zu reden, «der Film gerissen». Es sei denn, es käme dann ein

Dritter, der die Kraft hätte, seelenvergnügt vor sich hin zu pfeifen, unserer Bona-Hündin zu sagen, sie sei das liebste Tier auf Erden. Er käme, um uns darauf hinzuweisen, wie schön die Bergspitzen in den ersten Sonnenstrahlen leuchten, um zu fragen, ob wir das Vögelchen gehört haben, das im Ahornbaum zwitschert. Verflogen die Stimmung, die man am ehesten als «muffig» bezeichnen könnte. Aber eben – man muß einen solchen Hausgenossen haben. Wir sind da gut dran. Wir haben ihn. Unseren Remo!

Er kam zu uns wie so viele, viele andere, um zu fragen, ob und wo es hier vielleicht ein Haus billig zu mieten oder zu kaufen gebe. Solche junge und ältere Leute kommen unzählige hierher. Der Zweck, für den Remo dieses Haus sucht, ist aber ein für uns alle neuer:

Remo hat einige Jahre in England und Nordirland hinter sich, die er in Wohngemeinschaften verbrachte. Ich gestehe es ehrlich: alle Arten von Wohngemeinschaften, von Kommunen, sind mir suspekt. Zuviel Unschönes, Ärgerliches, zum Teil Unbegreifliches habe ich aus nächster Nähe miterlebt. Remo aber war in Wohngemeinschaften, in die man sowohl körperlich als auch geistig Behinderte integriert. Nie, aber gar nie darf man eine körperliche Behinderung der geistigen gleichsetzen. Aber es gibt körperlich Geschädigte, die es glücklich macht, als Betreuer jener ganz Armen, den Geistesschwachen, eingesetzt zu werden. Sie helfen in den von Remo besuchten Gemeinschaften auch zum Beispiel, geistig Behinderte im Garten und mit einfacher Tierpflege zu beschäftigen. Sie schenken ihnen Aufmerksamkeit und Zuneigung, fördern ihre geistigen Fähigkeiten. Das leuchtet mir ein. Remo möchte in seinem Heim auch alte Menschen, eine Großmama, einen Großpapa, die sich eines Pflegekindes annehmen könnten.

Wenn Remo aber im Tessin ein ähnliches Heim gründen will, muß er italienisch sprechen können. Deshalb ist er jetzt also bei uns. Seltsam, da nimmt man einen Menschen auf, um ihm etwas zu geben – und merkt dann, daß man von ihm noch mehr bekommt. Remo hat eine Gelassenheit, die mir – wenigstens bei jungen Menschen – neu ist. Er hat das, was man den «inneren Frieden» nennen könnte. Mein Haushalt läuft wie geschmiert, weil er da und dort durch sein Beispiel die Mädchen anspornt und mit seiner guten Laune alle ansteckt.

Ein paar Minuten ist es her, da sprachen wir miteinander über Mongoloide. Wer solche kennt, weiß es: gibt man ihnen ein kleines bißchen Liebe, so sind es die zufriedensten und glücklichsten Menschen. Remo erzählte uns die kleine Geschichte von Henry und Peter: Er ging mit den beiden morgens früh ans Meer. An einem Frühlingsmorgen, so wie bei uns heute. Henry zeichnete einen Kreis in den Sand des Strandes, der sich kilometerweit hinzog.

«Weißt Du, was das ist?» fragt Henry Peter.

«Nein.»

«Das ist die Sonne.»

Irgendwie sprachen sie dann über das Glücksgefühl, das einem die Sonne geben kann. Remo bat Henry, nun das Glück in den Sand zu zeichnen.

«Oh, das ist unmöglich», gab Henry zur Antwort und fuhr fort:

«Für die Sonne ist hier schon genug Platz, aber um das Glück zu zeichnen, dazu ist der allergrößte Strand der Welt immer noch viel zu klein.»

Remo, Margrith und Susi sind nun weggefahren, nach Locarno in die Italienischstunde. Mich haben sie dagelassen, damit ich über das Glück schreibe, das so groß ist, daß man es nirgendwo zeichnen kann.

Remo *muß* sein Haus finden, denn wer dort wohnen darf, der wird glücklich sein.

Wenn ich mir ausmale, wie es in Remos Haus – er will es «die Arche» nennen – zugehen wird, dann kann ich mir dort zwar nicht Helen, aber doch Menschen von Helens Art vorstellen.

Auf meinen Signierreisen begegne ich Hunderten von Lesern. Leid tut es mir, wenn das

Gedränge um mich so groß wird, daß ich dem Einzelnen nicht mehr ins Gesicht sehen kann. Namen vergesse ich leicht – aber an Gesichter vermag ich mich oft zu erinnern.

Helen hat ein solches Gesicht. Ich weiß es noch genau: vor zwei Jahren sah ich sie zum ersten Mal. In Basel. Im vorweihnachtlichen Gedränge eines Warenhauses. Das Gesicht einer Frau mittleren Alters, die grau melierten Haare sportlich geschnitten, zarte gesunde Haut, Augen, aus denen ruhige Zufriedenheit strahlte. Hände wie die meinen, die oft mit der Erde in Berührung kommen, eine handgearbeitete Strickjacke ...

Wenn ich Helen mit einem Satz charakterisieren müßte: eine Frau, die mit beiden Beinen im Leben steht.

Aber Helen kann nicht stehen. Sie ist gelähmt, sitzt seit drei Jahrzehnten, seitdem sie siebzehn Jahre alt war, im Rollstuhl.

Sie ist von einem äußersten Zipfel des Baselbietes nach Basel gekommen, um ein Buch von mir signieren zu lassen. Bitteschön, sie ist sozusagen eigenhändig gekommen, hat ihr eigenes Auto, kann vom Autositz selbst in den Rollstuhl hinüberwechseln. Gehsteige sind ihr Handicap. Da braucht sie jemanden, der ihr hilft. Aber sonst – da hilft sie lieber andern.

Helen wollte mir begegnen, weil wir zwei etwas

gemeinsam haben: die Liebe zur Natur – zu Tieren insbesondere.

Nachdem Helen die Begegnung mit mir gesucht hatte, wünschte ich mir dasselbe im umgekehrten Sinn. Letzten Herbst habe ich es geschafft. Ich durfte Helen in ihrem Heim besuchen. Sie hat mich abgeholt am Bahnhof in Olten. Sie fuhr geschickt durch den Verkehr, genau so geschickt wie einer, der mit Händen und Füßen Pedale und Hebel bedienen kann. Bis ich – bei ihr zuhause angelangt – aus dem Auto geklettert war, saß sie bereits im Rollstuhl, hatte das Tor geöffnet. Da kamen sie mir entgegen: fünf (ja, fünf) der schönsten Berner Sennenhunde, die ich je gesehen habe. Sie umdrängten ihr Fraueli, bettelten, wedelten, bellten, nahmen von mir schnuppernd Kenntnis.

Eine gescheckte Katze namens Fleckli hüpfte ihr auf den Schoß.

Helen wohnt mit ihrem Mann in einem etwas abgelegenen alten Bauernhaus. Ihr Haushalt funktioniert offensichtlich reibungslos. Geheizt wird mit Holz und Briketts. Das Brot bäckt Helen selbst im Kachelofen. Sie zeigt mir stolz ihre Kaninchen. Den letzten Wurf hat sie mit dem Fläschchen aufgezogen. Keines der acht Jungen ist gestorben. Ihre kleine Hühnerschar bewohnt ein Ställchen, das getrost als Musterbeispiel für vorzügliche Tierhaltung dienen könnte.

Das Heu für die Kaninchen hat sie selbst gewendet und eingebracht. Ihr Mann hat es bloß schneiden müssen.

Ich soll nun beurteilen, ob Helen auch Milchschafe halten kann. Ich glaube, ja. Man wird eine Art Melkstand bauen müssen – aber ich traue Helen alle Arbeiten zu, die mit diesen Tieren zusammenhängen.

Helens Mann ist ganztägig abwesend. Sie verbringt ihre Zeit mit der Pflege der Tiere, strickt, schnitzt, knüpft Teppiche nach selbstgezeichneten Vorlagen, ritzt Glas. Im Moment näht sie sich eine Werktagstracht, übt sich im Wollespinnen mit der Spindel. Sie macht Einkäufe für zwei alte Leutchen, die noch abgelegener als sie wohnen.

Helens Leben ist ein reiches Leben.

«Es gibt Leute, die sich über meine vielen Hunde entsetzen», sagt sie, «solche, die sich Gedanken über die Kosten der Tiere machen. Aber ich gebe mein Geld lieber für Hundefutter aus als für den Psychiater, gäll Mirko.»

Sie fährt dem wedelnden Mirko übers seidenglänzende Fell.

Früher wohnte Helen näher bei Basel. Die Gesundheitsbehörden jener Gemeinde, die ich lieber nicht nennen will, wiesen sie indirekt aus. In einem Haushalt, der von einer Person im Rollstuhl geführt werde, dürften keine Hunde sein. Das stinke. Es kam aber nie jemand, um dies (oder das Gegenteil) festzustellen.

Eigentlich sind Helen und ihr Mann darüber heute froh, denn an ihrem neuen Wohnsitz, da hat man sie überall gern. Wie könnte man dieses Paar, das so viel Optimismus und Zufriedenheit um sich verbreitet, nicht gern haben?

Liebe Helen, lieber Peter, der Besuch bei Euch hat mich reich gemacht. Es ist schön, zu wissen, daß es Euch gibt. Darf ich wiederkommen?

*

«In den schneefreien Gebieten der Alpensüdseite herrscht Waldbrandgefahr.» Wie oft hört man diesen Satz im Anschluß an den Wetterbericht im Radio. Man kann sich nichts darunter vorstellen. Auch ein Wanderer, der achtlos ein Streichholz wegwirft, kann sich nichts darunter vorstellen.

Sonst würde er es nämlich nicht tun.

Bei uns liegt momentan auf den ebenen Wiesen noch Schnee – die steilen Hänge sind aper. Letzten Sonntag nun ist's wieder einmal geschehen.

Wir feierten meinen Geburtstag in Roviso. Vierzehn Personen waren wir. Gemütlich versammelt um den Mittagstisch. Ich beschwere mich, daß man mir keine Torte mit fünfzig Kerzchen hingestellt hatte, sondern bloß einen Korb mit fünfzig

Äpfeln drin. Solche, die meine Esel Nelli und Pierino produziert hatten. Extra für mich, behauptete Susi. Das sei origineller.

Ich wurde ans Telefon gerufen.

«Komm schnell», sagte der aufgeregte Gualtiero.

«Der Wald brennt. Wir brauchen Hilfe und Deine Feuerlöscher.»

Da hatte ich nun meine Kerzchen. Ende der gemütlichen Tafelrunde. Ende des Kaffeeschwatzes. Auch die Rechnung habe ich nicht bezahlt. Hals über Kopf fahren wir talwärts. Eine riesige gelbe Wolke zeigt, wo es brennt: an der Flanke des Wasserfalls (der «Froda» heißt). Beginnend beim Wanderweg fressen sich Flammen aufwärts über eine beinahe senkrechte, aber doch teilweise bewachsene Steilwand. Wird das Feuer oben ankommen, dann sind zwei Häuser und etliche Ställe bedroht.

Gualtiero hat die Feuerlöscher – es sind acht – bereits aus meinem Geräteschuppen geholt. Die Männer schultern sie. Die Frauen bekommen die etwas leichteren Druckluftbomben. Los geht's über den steilen Fußweg. Jenen Weg, auf dem wir im Frühjahr die Schafe auf die Alp treiben. Diesmal tragen wir die schönsten Sonntagskleider, nicht unbedingt geeignete Schuhe, sind mit Gewicht beladen.

Wenn ich je für irgend etwas sehr, sehr büßen muß, werde ich über jenen Weg gehen. Es scheint, daß er mein Canossa ist.

Bei der «Madonnina», einem Kapellchen, machen wir mit den Schafen jeweils eine wohlverdiente Verschnaufpause. Jetzt gibt's das nicht. Das Feuer hat den Steilhang überwunden, schwelt zwischen den Steinen. Eine lose Kette von ad hoc-Feuerwehrmannen versucht, mit Schaufeln und Pickeln die Flammen zu zerschlagen. In den Senken liegt noch Schnee. Die Männer gehen weiter aufwärts, um die Löschgeräte mit Wasser zu füllen, wir Frauen werfen mit den bloßen Händen Schnee ins dürre Farnkraut, das streckenweise mehr als knöcheltief liegt.

Gegen zwei Stunden lang arbeiten wir. Es ist uns gelungen, das Feuer von der großen Wiese abzuhalten, die links vom Fußweg liegt. Die Männer dürfen zum Lohn für ihre Schlepparbeit das Wasser spritzen. Zuerst in die Flammen, dann in jede Rauchschwade.

«Uff, wir haben es wieder einmal geschafft.»
Rinaldo seufzt: «Wenn das Feuer doch bloß vor dem Mittagessen ausgebrochen wäre. Eine Riesenanstrengung ist es, mit vollem Bauch hier heraufzukraxeln – und erst noch einen Feuerlöscher zu schleppen. Aber fein war's, diese Apparate zu haben. Woher hast du sie eigentlich?»

Von einem Leser habe ich sie erhalten, der meinen seinerzeitigen Stoß-Seufzer zur Kenntnis nahm, daß ich – hätte ich etwas zu sagen – alle Tessiner Haushaltungen mit Feuerlöschern ausrüsten würde. Diesem Leser möchte ich hier nochmals ganz, ganz herzlich danken – und alle andern Leser genau gleich herzlich bitten, in ihrem wie in unserem Wald keine Streichhölzer wegzuwerfen.

Über die finanzielle Seite eines kleinen Waldbrandes hört man eigentlich nie etwas. Vielleicht interessiert es diesen oder jenen, wie die Abrechnung dieses an sich recht harmlosen Zwischenfalls aussah: Es waren etwa zwanzig Personen, die sich zwischen zwei und fünf Stunden lang um die Brandbekämpfung bemühten. Dies ergab ein Total von neunundfünfzig Arbeitsstunden. Vergütung pro Stunde Franken vierzehn, gleich Franken achthundertsechsundzwanzig. Dazu kommt das Auffüllen der Druckluftbomben, womit wir nahe bei eintausend Franken anlangen werden. Wenn ich mir denke, was Remo zum Beispiel mit dieser Summe anfangen würde ...

\*

Daß ich an meinem fünfzigsten Geburtstag Feuerwehrfrau war, daran werde ich mich wahrscheinlich zeitlebens erinnern. Auch mein Vierzigster ist mir noch sehr präsent: da war ich in der

Stadt, gab eine Party in meiner Wohnung. Wieviel Leute dabei waren, weiß ich nicht mehr. Wie viele Flaschen Champagner getrunken wurden, auch nicht. Sie waren für eine Vernissage in meinem Geschäft bestellt worden. So hatte ich sie von den Steuern absetzen können. Wie meine Wohnung geschmückt war, das aber weiß ich noch: mit Rosen und mit Orchideen. Im Geist durchwandere ich die Räume: Eßzimmer: Biedermeiermöbel, Straßburgerfayencen (teilweise signiert), an der Wand zwei barocke Kerzenengel, ein Murano-Leuchter (achtzehntes Jahrhundert), ein russischer Kasakteppich (mit Pflanzen gefärbt), diverse anatolische Teppiche. Wohnzimmer: elegante Polstergruppe in eingebauter, weißer Bücherwand, Kirschbaum-Schreibkommode, viele altkolorierte Trachtenstiche und Landschaften meiner engeren Heimat an der Wand, eine Vitrine, gefüllt mit Kostbarkeiten, eine Empire-Uhr aus Marmor – in einer Ecke, brav von einer äußerst lieben Reinmachefrau abgestaubt, das Spinnrad, das mein Urgroßvater selbst angefertigt hatte. Schlafzimmer: eingelegter Renaissance-Schrank, datiert 1685, Fensternische, von der aus ich über tausend Dächer der Altstadt blickte, zum Turm der Martinskirche, zum vergoldeten gotischen Rathaustürmchen, zu den beiden Sandsteintürmen des Münsters. Schön war das. Alle meine Besucher beneideten mich um meine Wohnung – wegen dem, was drin war, wegen der Aussicht. Wie oft aber habe ich am Fenster gesessen, habe über die Dächer geblickt bis zu den blauen Linien des Feldberges und des Tülliger Hügels, und habe mir nichts sehnlicher gewünscht, als meine Flügel auszubreiten und zu jenen Hügeln zu fliegen. Dort gab es Wiesen. Dort roch es nach Erde. Und nach Mist. Und nach Holzfeuer.

Wenn immer ich mir ein, zwei Tage stehlen konnte, floh ich. Nicht auf den Feldberg und nicht auf den Tülliger Hügel. Die waren der Stadt zu nah, zu nahe auch meinen unzähligen geschäftlichen Problemen. Ich brauchte räumlich Distanz, um aufzutanken. Auch ein anderes Klima, auch andere Leute, sogar eine andere Sprache. Hier im Tessin habe ich alles gefunden. Ich fuhr gewöhnlich morgens um zwei Uhr los und war um sieben Uhr bereits im Acquaverdetal. Dort winkte mir ein Fischer. Angelo, der um diese Zeit nach Locarno zur Arbeit fuhr, hupte fröhlich. Ich stoppte in Voghiro, um frisches Brot zu kaufen. Hie und da geschah es, daß es noch gar nicht fertig war.

«Ciao cara», sagte Celestino, der freundlichste aller lieben Bäcker zu mir, wenn ich in seine Backstube trat. Jene Bäckerei ist einer der Orte, die mir das Tessin so liebenswert erscheinen lassen. Auf einem winzigen Schild steht über der Türe auf einem blanken Brett «panetteria» geschrieben. Kein Verkaufslokal. Man steht gleich in der Backstube. Ein himmlischer Duft, moderne Apparate, Drahtgitterkörbe mit runden und länglichen Laiben und Brötchen. Irgendeine Süßigkeit in einer mit durchsichtigem Deckel versehenen Dose. Jeden Tag etwas anderes: Nußgipfel (heißen auf italienisch Nußschiffer). Veneziane (Hefegebäck mit Mandelgeschmack), Berliner, Apfel im Schlafrock (affel in sciaffroc). Zwieback (zviebac), samstags Butterzöpfe (treccie). Da ist ganz bestimmt Butter und nicht Margarine drin – und eben jenes ganz besondere Etwas, das nur Celestino hineinbäckt, das sich nicht beschreiben, nur fühlen, riechen läßt.

Nach den ein, zwei, drei gestohlenen Tagen mußte ich wiederum zurück in die Stadt, raus aus den Jeans, rein ins elegante Kleid, eilig zum Coiffeur, der Hände manikürte, meine Haare sorgfältig zu einer kunstvollen Frisur auftürmte. Zurück ins Geschäft, Blick in eine randvolle Agenda, auf eine Liste von dringend zu erledigenden Telefonanrufen, Mittagessen im Selbstbedienungsrestaurant. Da lagen auch Brötchen in Drahtgitterkörbchen. Bloß waren sie nicht so gut wie die von Celestino. Bloß sagte der Verkäufer nicht «ciao cara» zu mir.

Bis zu meinem fünfzigsten Altersjahr wollte ich in der Stadt leben und so viel verdienen, daß ich mir dann ein geruhsames Leben auf dem Lande leisten konnte. Zwar machte mir der Umzug bereits Sorge. Würden ihn meine Fayencen schadlos überstehen? Und der Murano-Leuchter? Oder sollte ich meine Stadtwohnung sicherheitshalber einfach behalten? Sie war groß, luxuriös, zentral gelegen, mit dem Kellertheater gleich um die Ecke, mit all den Cafés, den Buchhandlungen. Der in weiter Zukunft liegende Umzug stellte mir schwer lösbare Fragen, die sich hauptsächlich um meinen Besitz drehten. Jahrelang hatte ich meine antiken Möbel, Uhren, Bilder, Teppiche, Kleinigkeiten zusammengetragen. Viele Dinge erzählten mir eine Geschichte – um dieser Dinge willen brauchte ich die große Wohnung – um der Wohnung und meines Lebensstandards willen mußte ich mein Geschäft immer mehr vergrößern. Eine Geschäftsfrau muß gut gekleidet, schön frisiert sein, repräsentieren. Das kostet Geld. Mehr verdienen. Mehr gesellschaftliche Verpflichtungen eingehen, um mehr einflußreiche Leute kennen zu lernen. Mehr Kunden finden. Mehr arbeiten. Es brauchte Jahre, bis ich einsah, dass ich in einem Teufelskreis steckte: mehr verdienen, um mehr auszugeben, mehr ausgeben, um mehr zu verdienen. Durch meine Sammlerleidenschaft, nein, Sammlerwut, hatte ich mich in einem goldenen Käfig eingeschlossen, in dem ich wie ein Eichhörnchen die Drehtrommel trat. Wie oft dachte ich:

«Wenn ich nochmal anfangen, ganz von vorne beginnen könnte, würde ich mich mit einem Minimum an persönlichen Dingen zufrieden geben.»

Oft höre ich von meinen Lesern, daß sie meinen Mut bewundern, alles aufzugeben, neu und total anders wieder anzufangen. Dagegen wehre ich mich vehement. Es braucht keinen Mut, zu der Art Leben zu stehen, die man am liebsten hat. Es braucht bloß Überwindung, sich von hunderttausend unwichtigen Dingen zu befreien, die einen einengen, einem wie Blei an den Füßen hängen.

Als ich meine Wohnung liquidierte, fragte ich mich selbst bei jedem Stück:

«Brauchst du das lebensnotwendig?»

«Nein!»

«Also weg damit!»

«Aber diese wunderschöne eingelegte Spieldose mit den sechs Messingwalzen, den Trommeln und Glöckchen, die ich damals bei Harrod's in London ersteigerte, die *kann* ich doch nicht einfach verkaufen.»

«Was tust du damit auf deinem Monte Valdo?»

«Irgendwo aufstellen, ihr hie und da zuhören! Den Faustwalzer, den Triumphmarsch, den Pilgerchor.»

«Und wenn sie feucht wird? Und wenn eines deiner Ferienkinder damit spielt und sie beschädigt?»

«Also doch weg damit.»

Die Spieldose kam auf die Liste, die Empire-Uhr, das Bauernbuffet, die Fayencen.

«Dieses Straßburger Teekännchen, das habe ich auf dem Flohmarkt in Aix-en-Provence gefunden, das könnte ich doch behalten?»

«Nein. Bestimmt wird es eine Katze umwerfen.»

Der Kampf mit den Zeugen meiner Erinnerungen war nicht leicht. Aber Mut brauchte es nicht. Ein Antiquar kam. Wir fertigten eine Liste an, packten Zerbrechliches ein. Ein Möbelwagen wurde beladen – und weg damit. Ich lebe seither freier. Andere Leute freuen sich nun an meinen Schätzen. Das einzige, was ich behielt, waren ein paar Gegenstände, deren Geschichte so aufregend war, daß ich's nicht übers Herz brachte, sie zu verkaufen. Die verschenkte ich. Den Renaissanceschrank habe ich behalten, eine Schreibkommode und ein Bild von Alois Carigiet. Der Schrank steht jetzt in meinem Botteghino, Möbel und Bild sind als Leihgaben untergebracht. Vielleicht berichte ich einmal darüber, wie wir zusammenkamen. Aber nicht hier. Hier wollte ich ja von Tieren und Menschen berichten, nicht von Dingen.

*

Es gibt Momente, in denen ich ganz tief innen glücklich bin. So tief drin, daß ich mich – wenn ich mich bei diesem Glücksgefühl ertappe – nach der eigentlichen Ursache dieses Glückes frage. Diesmal – diesmal ist es Willi. Er darf am Leben bleiben. Das ist's, mein heutiges Glück.

Willi ist ein kastriertes Schafböckchen, das im Dezember geboren wurde und im Januar seine Mutter verlor. Wir ließen ihn bei der übrigen Herde. Er war groß und stark genug, um mit zwei täglichen zusätzlichen Milchportionen auszukommen. Als ich hörte, daß die Mädchen ihn Willi getauft hatten, schauderte mich. Tiere, die einen Namen haben, schlachten zu lassen, ist und bleibt für mich fürchterlich. Es ist schon sonst schlimm genug.

Nun höre ich viele Bauernfrauen seufzen: «Das wissen wir auch, aber hie und da *muß* es eben sein.»

Unsere Attraktion bei Besuchern ist es, mit dem Milchfläschchen durch den Stallgang zu gehen, «Willi, Willi» zu rufen, sein ganz bestimmtes «Bäh-bäh» als prompte Antwort zu hören und dann zu sehen, wie er sich durch die andern Schafe und Lämmer zwängt, um am Rand des Geheges seinen Trunk entgegenzunehmen.

Willi betrachtet uns vier offenbar allesamt als seine Mütter.

Elio schaut unserer Milchflaschenzeremonie lachend zu:

«Ich bin ja froh, dass Willi Odivios Lamm und nicht mein Zicklein ist und nicht mir gehört. Auf die Alp kann man ihn nicht geben. Er würde jedem Touristen nachlaufen, der ihm ein Stück Brot hinhält, und irgendwo verloren gehen. Den muß man schlachten. Schlimm, daran zu denken.»

Wenn Elio das sagt, sind meine eigenen Gefühle doch nicht zu ausgefallen. Elio ist mit Tieren aufgewachsen, steht bald vor der Aufgabe, seine nun über einhundert Zicklein entweder selbst zu schlachten oder ins Schlachthaus zu liefern. Elio denkt bezüglich Willi trotzdem gleich wie ich.

Flaschentiere sind ein Problem. Aber man kann doch mutterlose Babies nicht einfach sterben lassen. Dagegen wehrt sich unser Instinkt. Ich glaube nicht, daß wir unsere Hirtenarbeit so gerne tun würden, dürften wir nicht auch die Aufgabe der Ersatzmutter übernehmen. Letztes Jahr haben wir acht Lämmchen großgezogen. Ein paar starben, bis wir genau herausgefunden hatten, was man als Lämmchen-Kinderschwester alles beachten muß. Heute bringen wir auch Neugeborene durch, vorausgesetzt, daß deren Lebenslichtlein stark genug brennt.

Ich beantworte eine vielgestellte Leserfrage, wenn ich nachstehend ganz genau beschreibe, wie wir vorgehen.

Neugeborene Lämmer, die mehr als eine Stunde lang nicht aufstehen, sind meist verloren, wenn man sie nicht warm hält. Wir polstern einen Plastic-Waschzuber mit alten Tüchern, legen auf den Boden und die eine Seite je eine gut eingewickelte Wärmeflasche und stellen das Ganze zum Ofen. Die Lämmchen dürfen so lange hier wohnen bleiben, bis sie fähig sind, selbst aus dem Zuber zu hüpfen. Hat die Mutter genügend Milch, macht man alle paar Stunden einen weiteren Versuch, ihr das Tierchen zu überlassen. Meist aber sind es schwächliche Zwillinge. Der stärkere Zwilling bleibt bei der Mutter.

Gottseidank hat kein Fremder den Zustand unseres Wohnzimmers gesehen, als wir voriges Jahr drei vergnügt überall herumhopsende Lämmchen aus Furcht vor der Kälte nicht in den Stall zu bringen wagten. Heute wissen wir: Hüpfen sie, dann werden sie in den Stall zu den beiden Eseln verbannt und ertragen dies anstandslos.

Schafe, die anfänglich sehr viel Milch geben, melken wir etwas ab. Die Kolostralmilch wird angeschrieben: «1. Tag», «2. Tag», «3. Tag» und tiefgekühlt für Lämmchen, die zu wenig Milch von ihrer Mutter erhalten. Melken ist einfach, wenn eine Hilfsperson dem zu melkenden Schaf ein Hinterbein hochhebt und das Tier gleichzeitig sanft an eine Wand andrückt.

Haben wir keine Schafmilch, so gibt es drei Ersatzmöglichkeiten: am besten ist frische Ziegenmilch, dann frische, unbehandelte Kuhmilch, dann Milch aus Lämmermilch-Trockenpulver (aber ja nicht behandelte Milch aus Tüten oder Kuhmilch-Trockenpulver!)

Während der ersten drei Lebenstage ergänzen wir die obigen Milcharten und machen eine Art künstliche Kolostralmilch wie folgt:

½ l Milch oder 450 g Wasser und 75 g Milchpulver
ein frisches zerklopftes Ei
ein gestrichener Eßlöffel Zucker

Alles gut verquirlen. Aus obiger Quantität macht man sechs Portionen, von denen man alle vier Stunden eine verabreicht. Zwei Portionen täglich werden noch mit je 6 Protovit-Tropfen angereichert.

Wir achten darauf, daß die Milch trinkwarm ist (38 − 39 Grad Celsius).

Vorsicht: man kommt gerne in Versuchung, die einzelnen Portionen zu erhöhen, wenn das Tier großen Hunger zeigt. Die Folgen dieses falschen Mitleids können tödlich sein!

Nach dem dritten Tag gibt man nur noch Milch und Protovit, stellt den Lämmchen aber bereits ein Schüsselchen Kleie, Wasser und etwas Emd hin.

Vier Flaschen pro Tag, während des Tages alle vier Stunden verabreicht, genügen nun. Die Quantität erhöht man nach der Größe des Tierchens allmählich. Mehr als 1,5 Liter täglich sollte aber nicht verfüttert werden. Nach einem Monat verringert man die Zahl der Mahlzeiten auf drei, d.h. alle sechs Stunden. Achtung: falls das Bäuchlein des Tieres unnatürlich dick scheint, sofort Milchmenge verringern! Normalerweise tut man dies nach der sechsten Lebenswoche allmählich, geht zurück auf zwei Fläschchen pro Tag. Die Milchpulverkonzentration kann man – ebenfalls allmählich – auf die Hälfte verringern. Es soll möglich sein, Lämmer bereits nach vierzig Tagen zu entwöhnen. Wir haben aber unsere Tiere viel zu gern, um bloß auf die Rendite zu schauen.

Wichtig ist es auch, daß Flaschenlämmchen mit andern Lämmern zusammen gehalten werden. Sie lernen viel rascher Heu zu fressen, als wenn man sie isoliert von Artgenossen aufzieht, wie wir dies anfänglich taten.

Zwei Medikamente haben wir immer vorrätig: Tannalbin und Tierkohle (beides in der Apotheke erhältlich). Bei Jungtieren nimmt Durchfall sehr schnell lebensbedrohliche Formen an.

Wichtig: bei Schafen und Ziegen ist Husten öfter die Folge von Lungenwurmbefall als von Erkältung. Wir machen deshalb bei diesem Symptom vorerst eine Wurmkur. Bei schwachen Tieren lassen wir eine Kotuntersuchung durch den Tierarzt durchführen, um sie nicht unnötig mit Medikamenten vollzustopfen.

Und das allerwichtigste bei optimaler Tierhaltung: die Zusammenarbeit mit dem Tierarzt. Wer glaubt, sich die Beratung und hie und da die Behandlung durch den Tierarzt ersparen zu können, ist wie eine Handelsfirma, die sich die Kosten für das Treuhandbüro nicht leisten will. Schließlich verkleinert man dadurch den Gewinn, weil man nie alle Feinheiten kennen kann wie ein Fachmann. Um beim Vergleich zu bleiben: optimale Tierhaltung, stetes Beobachten, sofortiges Eingreifen bei Krankheitssymptomen sind wie eine genau und ordnungsgemäß geführte Buchhaltung. Die Auslagen für die Spezialisten bleiben im Rahmen.

Und abgesehen vom Ertrag: Tiere sind Lebewesen. Sie sind, wie der Zürcher Schriftsteller Hans Schumacher so schön sagt, die «stummen Brüder des Menschen». Für ein Brüderchen tun wir alles!

Wer Schafe – gleich welcher Rasse – gut halten will, liest mit Vorteil das Buch «Das Milchschaf» von Ida Schwintzer. Ich habe es sozusagen dauernd unterm Kopfkissen. Gewisse Angaben müssen für andere Schafarten etwas modifiziert oder können vereinfacht werden. Falsch macht man aber nichts, wenn man Frau Schwintzers Ratschlägen folgt (auch das Rezept zur Herstellung von künstlicher Kolostralmilch stammt aus jenem Buch. Wir haben bloß die Zuckermenge verringert, weil Alpschafmilch weniger süß ist als Milchschafmilch).

*

Wir halten im Moment acht ostfriesische Milchschafe in einem Extra-Gehege neben den weißen Alpschafen (WAS). Wir haben also die Möglichkeit, die Vor- und Nachteile dieser beiden recht verschiedenen Arten der gleichen Tiergattung zu beobachten.

Susi ist überzeugte Anhängerin der Milchschaf-Rasse und vertritt die Ansicht, Alpschafe seien dumm, plump und widerborstig. Da hat sie – auf den ersten Blick gesehen – nicht unrecht. Man könnte vielleicht sagen, Alpschafe seien wie Ackergäule, Milchschafe wie Rennpferde. Man stellt ja an die verschiedenen Arten auch sehr verschiedene Anforderungen. Das Alpschaf ist robuster – sowohl vom Körperbau her gesehen, als auch in bezug auf seine Gesundheit und seine bescheidenen Ansprüche. Was seine Widerborstigkeit betrifft: hier erinnere ich meine Helferinnen immer wieder daran, daß die Tiere jährlich gut sechs Monate sich selbst überlassen auf der Alp sind. Solche Tiere können nicht so handzahm werden, wie es Milchschafe sind. Es ist ihr Vorteil, einen größeren Fluchtabstand zu wahren. Sie sind aber intelligent genug, uns, ihre Pflegerinnen, genau von etwelchen Besuchern oder Hilfen zu unterscheiden. Sind wir allein im Stall, dann bleiben sie ruhig liegen. Viele kommen zu unserer Hand. Auch Bona, unsere Hündin, kennen sie und zucken bei ihrem Anblick nicht mit der Wimper. Betritt nun aber eine fremde Person oder gar ein fremder Hund den Stall, dann scheint es in den Gehegen zu kochen und zu brodeln.

Das Erinnerungsvermögen dieser Tiere ist enorm. Odivio besitzt ein häßliches, kleines Tier. Wir haben es Schwärzeli getauft, weil es schwarze Beine und ein schmutzig-graues Fell hat. Es wurde als Zwilling geboren. Im Ganzen etwa zehn Fläschchen Milch – nicht mehr – haben wir ihm gegeben, weil es schwächer als sein Bruder war. Aber auch heute noch – es ist inzwischen zwei Jahre alt und selbst Mutter geworden – kommt es sowohl zu mir als zu Susi und stupft an unsere Hände. Wir können es streicheln und ihm natürlich einen kleinen Leckerbissen zustecken. Schwärzelis Mutter hat auffallend lange Ohren. Ich vermute, daß bei ihren Vorfahren entweder ein Bergamasker- oder ein Ile-de-France-Schaf mit im Spiel gewesen ist. Dadurch, daß sich diese beiden Tiere so sehr von der übrigen Herde unterscheiden, fällt es mir auf: Mutter und Tochter bleiben auch im großen Gehege immer beisammen. Beim Fressen, beim Wiederkäuen – wo die eine ist, ist auch die andere. Dieses Frühjahr nun werde ich einige Mütter und Töchter meiner eigenen Alpschafe mit verschiedenen Farbtupfen im Gesicht kennzeichnen, um festzustellen, ob dies immer so ist. Familientrieb innerhalb der Herde. Welch kluge Einrichtung. Wo zwei Schafe zusammen bleiben, gesellen sich auch weitere dazu. Bringt man es auf der Weide zustande, daß einem ein Tier folgt, kommen auch die übrigen. Hier haben uns Schwärzeli und seine Mutter schon große Dienste erwiesen.

Ach, da kommt mir eine Geschichte in den Sinn: Im vorletzten Winter – der Gemeinschaftsstall war damals noch nicht in Betrieb – betreuten wir nur Odivios Schafe.

Im Frühjahr setzte meine sechzehnjährige Pflegetochter Fränzi ihren ganzen Stolz und ihre ganze Kraft dafür ein, Odivios Herde abends von der Weide wieder vollzählig in den Stall zu bringen. Auch dann, als dies eigentlich gar nicht mehr nötig gewesen wäre – und als die Schafe dazu überhaupt keine Lust mehr hatten. Das Gelände unserer Weiden ist terrassenförmig. Ungemein steile Hänge wechseln mit relativ ebenen Wiesen ab. Fränzi ging, vorsichtshalber mit einer

Taschenlampe versehen, um die Schafe zu suchen. Sonst hatten sie jeweils knapp vor Sonnenuntergang vor dem Stall gestanden und auf Einlaß gewartet. Es wurde dunkel. Weder von Fränzi noch von den Schafen eine Spur, ein Ton.

Nun ging ich meinerseits auf die Suche. Ich rief nach Fränzi, bis ich heiser war. Endlich hörte ich hoch oben am Hang ihre Antwort. Auch Schafglocken bimmelten. Dann sah ich das Licht ihrer Taschenlampe. Es bewegte sich waagrecht dort, wo ich die Kante eines an die sechzig, siebzig Meter hohen Steilhanges wußte. Plötzlich änderte das Licht seine Richtung und schoß senkrecht im Schnellzugstempo zu mir herab. Mir stockte das Blut in den Adern. Ein dreckverschmutztes, verschwitztes Fränzi landete fast vor meinen Füßen. Mit beiden Händen hielt sie die Taschenlampe vor sich hin. Unter einen Arm hatte sie das sich energisch wehrende Schwärzeli geklemmt, unter den andern seinen Zwillingsbruder. Das Langohrschaf folgte ihr auf den Fersen, dann der Rest der Herde. Fränzi stand auf, wischte die Erde vom Hosenboden, stellte fest, daß der nicht mehr vollständig vorhanden war. Wie hätte ich sie wegen ihres Wagemuts schelten sollen. Sie war so stolz, daß es ihr geglückt war, die Schafe zusammenzubekommen. Die Tiere folgten ihr brav. Ich ging zuhinterst, um ihr das Gefühl zu lassen, der Führer einer Herde zu sein. Es ähnelt wahrscheinlich dem Gefühl, das ich hie und da ihr gegenüber habe ...

*

Ich mag alle Tiere gern. Aber es gibt doch eine bestimmte Rangordnung des Gern-Habens. Mir scheint, sie hängt einerseits mit der Intelligenz der einzelnen Tierart zusammen, andererseits aber auch mit deren Aussehen. Auch wenn meine Bona-Hündin mich nun anblickt und tief seufzt, auch wenn ich ihr gegenüber deswegen ein ganz klein bißchen ein schlechtes Gewissen habe: zuoberst in meiner Rangliste geliebter Tiere stehen Katzen. Katzen – und *nur* Katzen bringen in mir eine ganz bestimmte Saite zum Klingen. Fränzi behauptet, wie Susi und Margrith; auch sie seien in meinem Herzen irgendwo nach den Katzen (aber immerhin doch noch vor den Blümchen) eingeordnet.

Was mich an Katzen fasziniert? Genau dasselbe, was wohl schon immer an diesen Tieren faszinierend war: ihre Unabhängigkeit (Ausnahme: meine weiße Tintin-Katze), irgend etwas Geheimnisvolles, als seien sie nicht Wesen unserer Erde, sondern verzauberte Prinzen und Prinzessinnen (Ausnahme: unser Schnurrli Flederaff. Der könnte eher ein verzauberter, frecher Gassenjunge sein), ihre Zärtlichkeit (Ausnahme: Sissi Seidenglanz, die unnahbarste aller unnahbaren Katzendamen), Fritzlis Humor, die Ernsthaftigkeit von Moses Gröbli, der nie, aber gar nie lacht, Fluffi Flums Reinlichkeitsfimmel (er ist imstande, seinen wunderschönen, buschigen Schwanz stundenlang Härchen um Härchen zu lecken).

Dann ist da die reizende Katzenmanier, untereinander ganz bestimmte Freundschaften zu schließen, ganz bestimmte Vorlieben und Abneigungen zu zeigen – ob dies nun Futter oder ein Revier, ein andersartiges Tier oder einen Menschen betrifft. Wenn ich diese Faszination in einem einzigen Wort ausdrücken müßte: ihr Individualismus.

Ich erlaube mir wohl, in physischer Hinsicht von einer Katze auf die andere zu schließen, nie aber in psychischer. Ich wette, mein rothaariger Fritzli, der Playboy unter meinen Katzen, der mit uns allen schmust, der mit verschmitztem Gesicht auf dem Gartenzaun wartet, um jedem Vorbeigehenden schnell scherzeshalber die Haare zu zausen, hat andere Gedanken und Gefühle als der scheue Moses Gröbli, der sich im Freien überhaupt nicht berühren läßt. Dabei sind die beiden miteinander (allerdings auf höchst komplizierte Art) verwandt.

Und dann die Katzensprache! Ich kenne keine

andere Tierart, die ihre Gefühle auf solch vielfältige Art ausdrücken kann: Furcht, Freude, Hingabe, Zärtlichkeit, Ekel, Wut, Drohung, Warnung, Aufmerksamkeit, Erwartung, Schreck, Schalkhaftigkeit.

Ich würde nie mehr eine Katze allein halten. Einen Hund müßte sie zur Gesellschaft haben, oder besser eine zweite Katze. Am allerbesten, wenn sie gemeinsam aufwachsen.

Wer katzenverrückt ist, sollte mehrere seiner Lieblingstiere halten können, ohne daß sie irgend jemanden stören, sollte zudem an einem Ort wohnen, wo der Verkehr die Tiere nicht gefährdet. An genau einem solchen Ort wohne ich. Ich habe mich schon gefragt, ob nicht diese Tatsache teilweise daran schuld ist, weshalb ich so gerne hier bin.

Der einzige Feind, dem sie hier ausgesetzt sind, ist der Fuchs. Dieser ist aber offenbar nicht schlau genug, um eine gesunde Katze zu erwischen – es sei denn, es liege jener weiche Schnee auf den Feldern, in dem Katzen sich kaum mehr fortbewegen können, Füchse jedoch infolge ihres langen Körperbaus und besser verteilten Gewichtes aktionsfähiger sind. Mein schwarzes Peterli meldet sich im Winter pünktlich zu den Mahlzeiten, kommt aber nur bei grimmigster Kälte ins Haus. Schon während zwei Sommern verschwand es im

Mai, Juni und kam erst bei Wintereinbruch wieder heim. Susi traf es einmal auf unserer Weide, in Cortino. Peterli scheint Selbstversorger zu sein. Mäuse, Haselmäuse und Siebenschläfer gibt es genug. Auf alle Fälle gibt es niemanden im ganzen Dorf, der Peterli füttern würde. Da habe ich genau nachgeforscht. Ich frage mich, ob Peterli sich ebenso benehmen würde, wenn es nicht operiert wäre. (Trotz seines Namens ist es ein Weibchen).

Möglicherweise ist aber auch seine Mutter, Sissi, daran schuld, daß sich Peterli während des Sommers nicht mehr blicken läßt. Peterli hatte ein einziges Mal Junge, im September. Es gebar die beiden am gleichen Ort, wo schon Sissis drei fünftägige Kätzchen lagen: hinter meinem Bett in einer Mauernische. Nun ergab sich eine Art Kommune der Katzenmütter. Beide säugten einfach diejenigen, die Hunger hatten, und beide waren offenbar der Meinung, Mutter aller Kinder zu sein. Dazu kam, dass Moses Gröbli, Sissis Kind vom gleichen Frühjahr, sich als nimmermüder Kindergärtner betätigte. Er war es, der Peterlis Neugeborene trockenleckte. Er war es, der die ganze Gesellschaft fürsorglich warmhielt, wenn die Mütter nicht da waren.

Sissi ist eine äußerst eigensinnige Dame und kam eines Tages auf die Idee, die ganze Säuglingsabteilung von der Nische hinter dem Bett in ein

Loch zwischen den Felsen bei der Schafweide zu verlegen. Wer weiß schon, weshalb sie das tat. Das arme Peterli fand seine Kinder nicht mehr, Mösli suchte seine Schützlinge. Es brauchte viel List und Tücke meinerseits, bis ich Sissis Versteck entdeckte und Peterli ebenfalls dorthin brachte. Mösli fand sie dann von alleine.

Einige Male wiederholte sich das Umzugsdrama. Sissi wurde mit der Wahl ihrer Verstecke immer raffinierter und wählte sie stets so, daß ich nicht zu den Kätzchen hingelangen konnte. Sonst hätte ich wenigstens Peterlis Junge wiederum hinters Bett gelegt.

Mösli war es dann, der schließlich alle fünf Kleinen zum Haus führte, als sie groß genug waren, um den Weg auf ihren eigenen Beinchen zurückzulegen. Halbwild aufwachsende Kätzchen sind viel scheuer. Trotzdem konnte ich sie wieder ans Haus gewöhnen. Für vier fand ich auch gute Plätzchen. Eines, das schwächste, behielt ich: Fluffi Flum, Peterlis Sohn, langhaarig, grau getigert, mit gelbgrünen Augen. Er hat das feinste Fell all meiner Katzen, ist der Kleinste und vielleicht auch der Dümmste meiner vielköpfigen Schar – aber hergeben würde ich ihn um keinen Preis. Was ich aber tat: ich ließ Sissi und Peterli operieren. Damals hatte ich im ganzen sechs Katzen. Susi und Fränzi fanden, das sei mehr als genug.

Es tat mir wohl, wohl zutiefst in meiner Seele, als ausgerechnet die beiden, die gelegentlich über meine Katzenliebe spotteten, im Frühjahr von zwei süüüßen weißen Kätzchen schwärmten, die Emilia gehörten und die sie ertränken wolle, weil sie schon zuviele Katzen habe.

«Weißt du, kurzhaarig, ganz, ganz schneeweiß.»

«Wir haben doch schon die weiße Tintin.»

«Ja, aber die ist doch langhaarig.»

«Wir haben doch zwei graue Katzen: den Fluffi und den Mösli. Und zwei schwarze Katzen: das Sissi und den Peterli. Da wären eigentlich zwei weiße wirklich schöner als bloß eine.»

«Dann müßtet ihr mir gerechterweise auch noch eine rote Katze bringen, sonst ist der rote Fritzli allein rot.»

«Aber Emilia hat nun mal bloß zwei weiße.»

«Also meinetwegen. Aber nur unter einer Bedingung: du mußt es Emilia in ganz korrektem Italienisch sagen, daß du ein weißes Kätzchen, wenn möglich ein Katerchen, haben möchtest.»

Fränzi las den Satz hundertmal vom Zettelchen:

«Posso avere un micino bianco, per piacere, se è possibile un maschio?»

Susi und Fränzi zogen mit einem Korb von dannen und kamen zurück – mit den *beiden* weißen Kätzchen.

«Aber ich habe doch gesagt nur eines. Himmelnochmal. Wenn wir nun drei weiße Katzen haben, brauchen wir auch drei graue, drei schwarze, drei rote. Macht zwölf. Und ihr habt behauptet, schon sechs seien zuviel.»

«Weißt du», erklärten sie mir. «Wir bekommen nicht heraus, welches das Männchen ist. Emilia hat gesagt, du sollst es kontrollieren und das Weibchen ihr dann zurückgeben, damit sie es tötet.»

Die beiden kennen mich gut genug, um zu wissen, daß ich das nicht übers Herz bringe. Ich schaute gar nicht nach dem Geschlecht der beiden süßen Dinger, die aus dem Korb zu krabbeln versuchten.

«Also, dann eben beide.»

«Was – töten?»

«Tut doch nicht so blöd. Das wißt ihr doch ganz genau. Behalten, denk ich.»

So vermehrte sich denn unsere Katzenfamilie auf acht. Die beiden Kleinen – es waren ein Kater und ein Weibchen – tobten in Haus und Garten herum wie zwei aufgezogene Spielzeuge. Wir nannten sie vorerst «die Apparätchen». Sie zu unterscheiden war unmöglich. Wir ließen sie gegen Katzenseuche impfen und hatten unsere helle Freude an ihnen. Ein Problem aber machte uns sehr zu schaffen: die «alten» Katzen verhielten sich den Kleinen gegenüber total ablehnend. Bisher war es so gewesen, daß die neu hinzukommenden Katzen hier geboren worden waren. Daß meine Katzen fremde erwachsene Katzen nicht dulden und ihr Revier mit Schreien, Krallen und Zähnen gegen Eindringlinge verteidigen, wußte ich. Auch jetzt noch, nach bald zwei Jahren, muß ich unsern Schnurrli separat füttern. Er würde sonst glatt verhungern, weil er sich nicht an die gemeinsamen Teller der andern wagt. Schnurrli Flederaff ist eines der beiden Apparätchen. Sein Schwesterchen Mimi ist nach etwa zwei Monaten seines Hierseins gestorben – an Katzenseuche. Seither ist also unsere Katzenfamilie immer auf demselben Stand: zwei weiße, zwei schwarze, zwei graue, eine rote.

Bitte, darf ich vorstellen?

Weiss Nr. 1: Tintin Dreckspatz (langhaarig), wälzt sich in jedem Schmutz, ist trotzdem immer schneeweiß. Einmal allerdings, da brauchte sie Hilfe, um sich wieder instandzustellen: der Kaminfeger hatte das Rohr unseres Ölofens zum Zweck der späteren Reinigung in den Garten gelegt. Tintin versuchte, hineinzukriechen. Gottseidank ist sie eine sehr mollige Katzendame und blieb am Anfang des Rohrs stecken. Ihr Gesicht, ihr Hals, die Schultern waren rußverschmiert. Sie begann sich zu putzen, schaffte dies auch – bloß ihr Gesicht glich immer noch demjenigen eines Kaminfegermädchens. Wie sie ihre Bitte Fritzli und Sissi verständlich gemacht hat, weiß ich nicht. Aber die beiden leckten sie gemeinsam wieder rein. Vielleicht war es auch so, daß ihr Anblick die beiden andern Katzen störte. Ich war so entzückt über das Bild der drei Katzen, daß ich es zu meinem Leidwesen unterließ, es zu fotografieren.

Tintin ist taub. Deshalb hüten wir sie ganz besonders. Ich kann nicht schlafen, wenn ich sie nicht im Haus weiß. Ein einziges Mal ist sie erst morgens um sechs Uhr heimgekommen: damals, als sie ihren Schwanz im Zugseil des Seilbähnchens einklemmte, ihn brach und einen derartigen Schock davontrug, daß sie sich irgendwo verkroch.

Tintin hat noch diverse andere Namen. Sie ist «die Dicke», sie ist auch «das Rugeli», sie ist auch «Vladimir». Diesen Namen verdankt sie – wie könnte das anders sein – wiederum Fränzi.

«Wie kommst du bloß auf diesen blöden Namen, wo Tintin doch ein Weibchen ist und überhaupt nichts Russisches an sich hat?» Susi war empört.

«Doch ganz logisch», war Fränzis Antwort. «Schau doch, wie sie sich dort in die Ecke gesetzt hat: sie schaut doch aus wie ein Teigfladen. Ein weißer Teigfladen. Weshalb soll sie denn nicht auch noch Vladimir heißen?» Susis Gesicht war ein Fragezeichen.

«Du bist wirklich schwer von Begriff. Schau doch!»

Fränzi malte das Wort auf ihre Art auf ein Zettelchen: Fladimir.

Ich glaube, ich hab's schon irgendwann gesagt: Fränzis Interpretation der Orthographie ist sehr – nun ja, sehr speziell. So speziell wie das ganze Fränzi.

Aber fahren wir weiter mit der Katzenliste. Wenn es Sie erstaunt, daß alle meine Katzen mindestens einen Vor- und einen Nachnamen haben: ein Name allein genügt für diese Tiere nicht! Ich weiß auch, daß ich mit meiner Ansicht gar nicht alleine dastehe.

Weiß Nr. 2: Schnurrli Flederaff, das Apparätchen (kurzhaarig). Schnurrli kann nicht anders als Schnurrli heißen. Es genügt, ihn in die Arme zu nehmen oder auch bloß zu streicheln, damit er ein Nähmaschinen-Geschnurre produziert. Schnurrli ist frech und wendig wie ein Affe und hat überdimensionierte rosa durchscheinende Ohren wie eine Fledermaus. Fränzi erfand deshalb für ihn den schönen Namen Herr Schnurrli Flederaff.

Schwarz Nr. 1: Sissi Seidenglanz (kurzhaarig mit weißem Dekor). Sissi ist die Tochter von Bimbo Seidenglanz und die Enkelin von Susi

Stäubli. Ihr Gesicht, Brust und Pfoten sind weiß. Ihr sehr kurzes Fell ist so dicht und glänzend wie Seidensamt. Vielen unserer Besucher fallen die seidenglänzenden Felle meiner Katzen auf. Ich vermute, es rührt daher, daß sie jeden Morgen ein zerklopftes rohes Eigelb unters Futter gemischt bekommen.

Um Leserfragen vorzubeugen: *eines* für alle sieben Katzen natürlich!

Schwarz Nr. 2: Peterli Schwarz – unser Schwarzpeterchen (kurzhaarig). Noch schwärzer als Peterli kann eine Katze nicht sein – es sei denn, sie hätte nur *ein* weißes Härchen auf der Brust. Peterli hat deren zwei. Peterli kann mir lange Geschichtchen erzählen. Aber nur wenn wir ganz allein sind.

Grau Nr. 1: Moses – genannt Mösli – Gröbli (langhaarig). Mösli ist ähnlich gezeichnet wie Sissi, seine Mutter. Moses heißt er, weil er eine ähnliche Farbe hat wie sein Onkel Moses, den jemand ersäufen wollte, in den Mistkübel warf, wo ich ihn in einem Plasticsack eingebunden fand. Und Gröbli? Er ist – ich bin sicher, er tut es nicht absichtlich – Menschen gegenüber die allergröbste Katze, die ich kenne. Auch seine Krallen sind schärfer und kräftiger ausgebildet. Hält man ihm einen Leckerbissen hin, muß man mindestens mit einem Kratzer oder einem Biß rechnen. Er ist auch weitaus der größte und schwerste meiner ganzen Bande. Sicher wiegt Schnurrli nur die Hälfte.

Möslis inniger Busenfreund ist

Grau Nr. 2: Fluffi Flum (langhaarig). Fluffi ist silbergrau, Ton-in-Ton getigert. Sein Schwanz sieht aus wie eine wippende Straußenfeder. Fluffi ist klein, anschmiegsam, wünscht aber keinesfalls auf den Arm genommen zu werden. Nun ja, wer hat das denn schon gern?

Rot Nummer ein und alles: Fritzli Goldschatz (langhaarig). Fritzli ist der intelligenteste. Er kann Türen öffnen, indem er sich an die Klinke hängt. Er weiß genau, welche Türen mit Stoßriegeln versehen sind. Dort versucht er seine Künste nie. Fritzli läuft mir nach wie ein Hündchen. Er weiß auch, daß ich es nicht gern habe, wenn er mit mir über die Brücke mitkommt. Ich bin nun einmal ängstlich und weiß ihn lieber diesseits des Flusses, wo es keine Autos gibt.

Fritzli ist eigentlich ein Wechselbalg. Ich erbettelte ihn, als er zwei Tage alt war, von Emilia, als mein Bimbo tote Junge geboren hatte. Emilia glaubte mir nicht, daß Bimbo das fremde Kätzchen ohne weiteres annehmen würde. Sie weiß bloß, daß ein Schaf oder eine Ziege dies mit einem fremden Kind nicht tun würde. Sie machte zur Bedingung, daß ich das häßliche rote Ding selbst töten müsse, falls Bimbo es nicht wolle. Wie froh bin ich, daß ich es trotz dieser schweren Auflage wagte!

Wenn ich es mir genau überlege: Fritzli ist kein verzauberter Prinz, er ist ein zu einer Katze gewordener Sonnenstrahl. Er ist derart zärtlich, freundlich und zugleich so hübsch anzusehen, daß ich mich beherrschen muß, um ihn nicht gelegentlich vor lauter Liebe zu erdrücken. Susi geht es genau gleich – und eigentlich allen Besuchern – vorausgesetzt, daß Fritzli sie mag. Fritzli ist auch mit allen seinen Mitkatzen freundlich. Schnurrli allerdings übersieht er. Tintin aber ist seine ganz große Freundin. Drollig ist's, zu sehen, wie sie schlafen: Mösli und Fluffi halten sich umschlungen, Fritzli und Tintin tun dasselbe. Schnurrli kriecht bei mir unter die Decke. Es ist schön, sich in den Schlaf schnurren zu lassen.

Allerdings werde ich oft von Sissi geweckt. Sie springt vom schrägen Treppengeländer durch die Gitterstangen meines Schlafzimmerfensters und wünscht, eingelassen zu werden, indem sie am Drahtgeflecht kratzt. Die Schlafzimmerfenster in meinem Haus sind mit Gittern versehen, weil im Sommer sonst die Siebenschläfer einem gelegentlich übers Gesicht huschen würden!

Susi hat hie und da aufs neue ihre Katzenhaß-Anwandlungen.

«Wäre ich alleine hier, ich würde mit allen

abfahren bis auf Fritzli. Zuallererst käme Sissi dran, die mag ich am wenigsten.»

Sissi ist sehr, sehr unnahbar, ernst, ungemein selbständig, überlegt, furchtbar eigensinnig, macht genau, was sie will und wie sie es will.

Susi ist sehr, sehr unnahbar, ernst, ungemein selbständig, überlegt, furchtbar eigensinnig, macht genau, was sie will und wie sie es will.

Susi hat einen Charakter, der in sehr vielem demjenigen einer Katze, am meisten demjenigen von Sissi, ähnelt. Sie ist nun seit zweieinhalb Jahren bei mir. Wir haben noch nie ein Unwörtchen miteinander gehabt, noch nie war irgend eine Spannung zwischen uns. Vielleicht kommt das daher, daß ich sie auf die gleiche Art respektiere und gern habe wie meine Katzen. Susi, dies ist ein Kompliment – und ich wette, der Mann, der dich einmal heiratet, hat Katzen auch gern.

*

Da wohnen wir also sozusagen am Ende der Welt, werden von vielen bedauert wegen unseres eintönigen Lebens, wegen Mangels an Kontaktmöglichkeiten. Das müsse doch besonders für meine jungen Hausgenossinnen langweilig sein – und am schlimmsten sei doch sicher der Winter, die touristenlose Zeit.

Wenn alle, die uns bedauern, wüßten, daß wir

sie belächeln. Je länger wir hier sind, desto lieber ist uns der Winter – weil er uns viel menschlichere, tiefere Kontaktmöglichkeiten gibt als diejenigen, die durch kurze Sommerbesuche entstehen. Wir haben unsere vielfältigen Arbeiten der Tierpflege. Diese beanspruchen uns so, daß wir es vorziehen, früh zu Bett zu gehen. Wir freuen uns aber jeden Abend darauf, nach dem Schafe-Füttern für ein halbes Stündchen bei Dario einzukehren. Darios Ristorante ist im nächsten Dorf – in «Rasco» (das in Wirklichkeit ein bißchen anders heißt). Man findet es leicht: ein paar Meter nach dem Wasserfall rechts an der Hauptstraße. Holzgetäferte Wände, an denen entlang eine Sitzbank läuft, drei rechteckige, ein runder Tisch, ein Kamin mit Bänkchen, ein Schanktisch. An den Wänden ein paar Gemsköpfe, Rehgeweihe, ein altertümliches Gewehr, ein Fernsehapparat. Fertig.

Wir wissen, wir sind bei Dario auch willkommen, wenn wir ein bißchen – oder ein bißchen sehr – nach Schafen und Ziegen riechen. Susi hat ihm empfohlen, unter unsern Tisch ein bißchen Streu zu geben, damit wir mit unseren Miststiefeln nicht zu viele Flecken machen. Dario lächelte nur.

«Fa niente» – macht nichts. Mich freut's, wenn ihr kommt, in Werktags- oder Sonntagskleidern.»

Einer nach dem andern kreuzt auf: Elio, Silvio, Giulio, Vittorio, Corrado. Momentanes Gesprächsthema: «Wie viele Zicklein hast du jetzt?» Olimpio hat zweiunddreißig. «Elio hat jetzt hundertsechs», verkündet meine Margrith stolz. «Er muß uns nun ein Nachtessen bezahlen, weil wir bei seinen Tieren Hebammendienste gemacht haben, aber erst, wenn er weniger Arbeit hat. Nach Ostern, wenn ein großer Teil seiner Zicklein verkauft ist.»

Das Nachtessen wird ebenfalls bei Dario stattfinden. Über das Menu sind wir noch im Zweifel. Entweder gibt es Spaghetti. Die allerbesten Spaghetti des ganzen Tessins, nein, der ganzen Welt. Auf einfache Weise gekocht – aber sooo guhut.

Oder aber – und das wäre eine Sonderattraktion: Forellen. Nicht irgendwelche Forellen, Susis Forellen. Susi hat Darios alte Fischzucht übernehmen können. Sie ist instandgestellt worden – und seit Januar schwimmen dort wiederum Fische – wie früher. Dario hat Susi jegliche Hilfe versprochen, falls sie sie braucht, mischt sich aber in ihren Betrieb überhaupt nicht ein. Ich sehe nun oft, wie liebevoll, ja väterlich stolz er Susi anschaut, wenn sie es nicht merkt. Susi hat vor, die erste Forellen-Lieferung nicht etwa im Auto zu Darios Ristorante zu bringen. Sie will unsere beiden Esel Pierino und Nelli satteln, die Fische per Esel zu ihm transportieren. Von wegen der Reklame. Falls sie dies am Ostersamstag oder -Sonntag tut, wird es einen Volksauflauf geben. Ich darf Fotoreporter sein. Die größte Forelle wird Susi Paolo in einem bändergeschmückten Eimer überreichen. Paolo ist Darios Sohn. Momentan ist er tagsüber in Lugano in der Wirtefachschule. Er kommt jeden Abend heim, eilt, um seinem Vater zu helfen. Dario betrachtet seinen Sohn genau so liebevoll wie Susi. Hie und da schweift sein Blick vom einen zum andern. Was er wohl denkt?

*

Von meiner Sammelwut habe ich schon berichtet. Ganz verloren habe ich sie auch heute noch nicht. Zwei Unterschiede gibt es allerdings. Erstens: meine jetzige Sammlung belastet mich nicht und zweitens: es sind nicht Dinge, die ich sammle, sondern Menschen. Ich verwahre sie in meinem Kopf und/oder meinem Herzen. Hie und da ziehe ich das eine oder andere meiner Sammelstücke hervor, betrachte es, meist lächelnd, hülle es ein – nicht in Samt, aber in gute Gedanken – und versorge es wieder. Meine Sammlung kann ich nicht vorzeigen. Aber ich kann wohl Einzelstücke daraus beschreiben. Es soll mich niemand fragen, wie viele Personen in meiner Sammlung sind. Ich weiß es selbst nicht. Unzählige. Welche? Solche, die sich in ihrer Art vom Großteil ihrer Mitmenschen unterscheiden. Solche, die besonders gut, uneigennützig oder aber auch schrullig sind.

Da ist zum Beispiel Rina. Hier nur *ein* Beispiel, weshalb Rina einen Ehrenplatz in meiner Sammlung einnimmt: Rina und ihre Familie haben in Roviso eine Pension, ein Restaurant und einen Laden. Ein Lädeli, in dem man einfach alles kaufen kann. Herbst für Herbst traf ich bei Rina den Sisisi. Nein, er heißt natürlich ganz anders. Er fiel auf, weil er im Tessiner Bergdorf gekleidet ging wie ein Londoner Bankangestellter, der zur Börse eilt: schwarzer, steifer Hut, weißes Hemd, Jackett, Krawatte, Hose mit Bügelfalten und immer, immer einen sorgfältig gerollten Regenschirm am Arm. Er mochte über siebzig sein, trug sein Grauhaar militärisch kurz. Ein bißchen erinnerte er mich stets an einen Pfeffer-und-Salz-Schnauzerhund. Man konnte ihn ansprechen, wie man wollte, seine Antwort war:

«Sisisi.»

Daher verständlicherweise sein Übername.

Im talwärtsfahrenden Postauto setzte ich mich, das ist nun zweieinhalb Jahre her, neben ihn:

«So, machen Sie einen kleinen Ausflug?»

«Sisisi», sagte der Sisisi, «das heißt nein. Ich muß bloß nach Locarno, um Einkäufe zu machen. Eigentlich schade um den schönen Tag.»

Was mochte der Sisisi für Sonderwünsche haben, wo er doch in Rinas Pension mehr als gut aufgehoben war?

«Wissen Sie», fuhr er fort, «ich fahre in den Supermarkt. Dort kosten Beutelsuppen und auch Biskuits wesentlich weniger als bei Rina. Deshalb miete ich bei ihr bloß ein Zimmer. Sie verkauft mir täglich einen Liter Milch für fünfzig Rappen. Zum Mittagessen kocht sie mir jeweils die Hälfte eines Suppenpäckchens, das ich ihr bringe, und ich esse dazu meine Biskuits. Das langt für mich. Hie und da tut Rina auch noch ein bißchen Butter in die Suppe. Eigentlich nett von ihr, nicht wahr?»

Das war typisch Rina. Aber der Preis von fünfzig Rappen für einen Liter Milch machte mich doch stutzig.

«Wie kommt sie wohl darauf? Sie bezahlt ja selber mehr als das Doppelte dafür?»

«Sisisi, schon, aber sehen Sie, das ist eben so:»

Er holte einen zerknitterten Zettel aus der Tasche hervor, auf dem, wie beim Kartenspielen, mit vier senkrechten und einem waagrechten Strich

«Nächte à Fr. 4.–» und

Milch/lt à Fr. -.50» notiert waren.

«Seit neunzehnhundertfünfundvierzig komme ich zu ihr in den Urlaub. Die Hotelrechnung mache ich dann jeweils selbst – zu den Preisen von damals, und – hihi – Rina akzeptiert sie. Auch heute noch.

Sisisi!»

Die Geschichte schien mir so unwahrscheinlich, daß ich Rina deswegen befragte.

«Weshalb denn nicht?» sagte sie einfach.

«Der Sisisi gehört zu uns. Er würde uns fehlen, wenn wir über seine Knausrigkeit nicht mehr lachen könnten.»

Wo – so frage ich mich – ist der nächste schweizerische Gasthofbesitzer, der gleich denken und handeln würde?

Zur seltsamen Gestalt des Sisisi gehört das seltsame Ende:

Jener Herbst war der letzte, den er in Roviso verbrachte. Auf der Heimreise ins Altersheim im Berner Oberland verschwand er spurlos. Der Postbuschauffeur war der letzte, der ihn sah. In Locarno sei er zum Bahnhof gegangen. Im Altersheim kam er nicht mehr an. Nie mehr.

Ob er irgendwo eine noch billigere Pension gefunden hat?

Und mein P.S. zu dieser Geschichte: Ich habe meine Menschensammlungs-Vitrine nun aber nicht geöffnet, damit Sie, lieber Leser, jetzt ebenfalls zu Rina gehen und ihr dieselbe Rechnung wie der Sisisi präsentieren.

Sisisi.

\*

Ich hab's schon einmal gesagt: Schreiben macht mir Spaß. Nicht bloß Bücher schreiben. Auch Zeitungsartikel. In einer schweizerischen Tageszeitung habe ich auf der Seite «Kontakt» alle vierzehn Tage meine Kolumne. Ich darf berichten, kritisieren, anregen – darf auch fragen und erhalte prompt Antworten – und viele gute Ratschläge. Ich genieße die Möglichkeit, mich in ganz kurzer Zeit an meine Leser wenden zu können. Dies ist der Vorteil des Zeitungsschreibens.

Auch mit Anliegen, die meine Tiere betreffen, haben mir meine Leser schon geholfen. Da ist zum Beispiel die Geschichte mit der Euterentzündung:

Eine meiner Schafhirt-Aufgaben ist es, nach der Fütterung eine Kontrollrunde zu machen. Ich vergewissere mich, ob nirgends Schnüre von Heuballen herumliegen, in denen sich ein Tier verwickeln könnte. Ich kontrolliere, ob alle Gruppen ihr Mineralsalzbecken erhalten haben, ob bei den Wöchnerinnen in jeder Boxe frisches Trinkwasser und Kraftfutter zur Verfügung steht – und ob keines der Tiere krank ist.

Vorgestern abend bemerkte ich ein Tier, das mit gesenktem Kopf in einer Ecke stand. Sein Lamm stupfte ans prallvolle Euter. Es wurde aber von der Mutter abgewehrt. Sie lahmte auch auf dem einen Hinterbein. Das waren Symptome, die auf Euterentzündung schließen lassen. In meinem

Schafzucht-Lehrbuch steht: «Die Euterentzündung war vor der Entdeckung der Sulfonamide und Antibiotika die verlustreichste und damit wirtschaftlich bedeutsamste Krankheit säugender Mutterschafe. Die Verluste entstanden vor allem durch Tod der erkrankten Tiere.»

Penicillin ist in meiner Apotheke. Injektionen kann ich machen. Auch habe ich ein Präparat, um das entzündete Euter einzureiben. Ich molk das arme Tier ganz vorsichtig ab. Auf der linken Seite war die Milch blutig. Am andern Morgen wollte das Schaf nicht mehr aufstehen. Da mußte der Tierarzt her. Er kam, machte dieselbe Behandlung wie ich am Vortag, spritzte dazu noch herzstärkende Mittel und Vitamine.

«Nun muß die Natur weitermachen», sagte er und packte seine Spritzen und Fläschchen ein.

Die Natur. Damit meinte *er* die Konstitution des Tieres, seinen allgemeinen Gesundheitszustand. Die Natur. Da wäre aber auch noch etwas anderes: Tee aus Kräutern, mit dem ich dem Schaf zum Beispiel Umschläge machen könnte. Sei es vielleicht auch nur, um ihm damit die Schmerzen zu lindern. Vielleicht auch Tee, den es trinken könnte. Die modernen Heilmittel schließen ja die Behandlung mit Natur- und Hausmitteln nicht aus.

Auch abends lag das Schaf seitwärts am Boden.

Gesunde Tiere tun das nie. Ich flößte ihm ganz schwachen Kaffee ein, um seinen Kreislauf anzuregen. Es schien das Getränk recht gern zu mögen.

«Pröble du nur mit deinem Kaffee», spottete Gualtiero, der uns hilft. «Ich geh unterdessen und grabe ein Loch. Dann erschießen wir das Tier. Du machst dir viel zu viel Arbeit, für die dir doch niemand dankeschön sagt.»

«Doch, das Schaf sagt mir danke, das genügt.»

Gualtiero schüttelte den Kopf und ging weg. Das Schaf trank nochmals ein paar Schlucke. Ich bildete es mir vielleicht nur ein: es schaute mich dankbar an. Gibt es ein Buch, in dem Natur- und Hausmittel für die Tiere beschrieben sind? Ich habe schon so oft gesucht, bis dahin aber nichts gefunden.

Nun war ich in der glücklichen Lage, mich mit meinen Worten an meine Zeitungsleser wenden zu können. Mit dieser Geschichte nämlich.

Ich erhielt daraufhin Literaturhinweise, viele Leser wußten selbst solche Mittel zur Behandlung aller Krankheiten, die irgendwelche Haustiere befallen können, gaben vernünftige Tips, die in den entsprechenden Krankheitsfällen weiterhelfen können.

Aus dem Ball, den ich mit meiner Frage warf, ergab sich ein Antwortstrom, der vielleicht andern

Tierhaltern nützt, die ihre Vierbeiner gut halten und – wenn's nötig ist – auch mit Geduld pflegen wollen.

Ich schrieb meine Geschichte damals am Schaf-Krankenbett. Dann gab ich meiner Patientin wiederum ihre Kaffee-Medizin. Sie versuchte, aufzustehen. Gualtiero sagte, er gehe nun nach Hause. Das Loch hat er nicht gegraben.

Er grub es ein paar Tage später. Mein Schaf starb. Odivio schalt mich, weil ich den Tierarzt hatte kommen lassen. Nun muß ich überlegen, wie ich diese Scharte wieder auswetzen kann. Eines ist aber gewiß, bei weiteren Fällen von Euterentzündung handle ich anders. Ich habe von meinen Lesern unzählige Ratschläge erhalten. Da gibt es – wie dumm war ich, nicht daran zu denken – zum Beispiel das Buch des Kräuterpfarrers Künzle «Chrut und Uchrut» (Kraut und Unkraut), das auch ein Kapitel über Tierkrankheiten enthält. Dann gibt es ein wunderschönes Buch aus dem Reader's Digest Verlag über Heilpflanzen – auch mit Hinweisen für die Tiermedizin. Eine Leserin sandte mir in Säcklein eingenähte Kamille mit dem Rat, diese aufzulegen. Dies geht, wenn das Schaf schon so krank ist, daß es nicht mehr aufsteht.

Vor ein paar Tagen geschah es wiederum, daß eines der Schafe – ausgerechnet wieder eines von

Odivio – auf einem Hinterbein hinkte. Alarm! Ihr Euter war steinhart. Sie fraß noch – aber lustlos, ihre Ohren waren kalt. Das bedeutet Fieber. Da spritze ich Penicillin. Nur mit Kräutern zu pröbeln – vor allem bei fiebrigen Tieren, die nicht mein Eigentum sind – das wage ich nicht. Wir molken das Schaf – eine mühsame Geduldsarbeit. Zarte Massage mit Melkfett, abwechselnd mit warmen Kompressen. Dann strichen wir das Euter ein mit Heilerde, angefeuchtet mit halb Wasser, halb Essig. Der Rat einer lieben Zeitungsleserin. Diese Salbe klebt am Euter fest. Sie hat noch einen Vorteil: nach einiger Zeit mußten wir nur nach einem Lämmchen mit salbverschmiertem Gesicht Ausschau halten und diesem ein Fläschchen Milch zu trinken geben. Es ist – gottlob – ein Weibchen. Ich war neugierig, wie die Mädchen nun dieses Tier taufen würden. Etwa Wilhelmine – als Gegenstück zu Willi, den Susi und Margrith vorgestern in den Zoo lieferten. Das Lämmchen bekam keinen Namen. Seine Mutter war nach drei Tagen wieder gesund und säugte es wie vorher.

Oh, nun erinnere ich mich. Irgendwo habe ich erzählt, daß Willi am Leben bleiben darf – aber wieso, das muß ich noch berichten, und dabei nochmals weit ausholen und zuerst einen Zeitungsartikel vom letzten Frühsommer folgen lassen.

Vielleicht, liebe Leser, sind Sie ihnen auf Ihrer Ferienwanderung begegnet: dem einzigen Trüppchen von Alpschafen, die am Wanderweg des Acquaverdetals gleich in der Nähe des Flusses weiden. Die restlichen Alpschafe – ich bin versucht zu sagen, die richtigen Alpschafe – die sind nun so hoch wie möglich in den Bergen. Die Waisenlämmchen aber, die behielten wir hier. Einerseits, weil sie die Nähe von Menschen so gewohnt sind, daß sie jedem Touristen gefolgt wären.

Wie kommt man gleich zu einer ganzen kleinen Herde von Waisenlämmern?

Der Ingenieur, der für organisatorische Fragen im Gemeinschaftsstall zuständig war, riet uns, schwächliche Lämmer mit einem Hammerschlag aus dem Leben zu befördern. Aber da kam er bei uns schlecht an. Unsere Versuche, die Lämmer aufzuziehen, haben uns Erfahrungen vermittelt, die vielleicht andern Schafhaltern nützlich sein können.

Nun sind alle sieben Durchgekommenen so groß, daß sie keine Milch mehr brauchen. Sie folgen uns wie die Hündchen, lassen wir die Gartentüre offen, so haben wir sie in der Küche und im Schlafzimmer – mitsamt den dicken und dünnen Visitenkärtchen.

Wir bringen sie zusammen mit unserer Milchschafherde und den Eseln auf die Weide. Ein elektrisches Weidenetz hält sie davon ab, sofort wiederum zu uns nach Hause zu kommen. Sie haben sich nun einigermaßen daran gewöhnt.

Aber jetzt kommt unser Problem. Was machen wir mit ihnen? Sie wären alle wunderbar geeignet, größere Wiesenflächen sauber zu halten. Aber in der Nähe von Menschen sollten sie sein. Nicht auf einer Alp. Wir können sie nicht behalten. Dazu haben wir zu wenig Weideland. Und nächsten Winter gibt es bestimmt neue Waisenlämmchen. Schlachten wäre einfach. Aber wer bringt es übers Herz, ein Tier töten zu lassen, das man gehätschelt und gepflegt hat, das kommt, wenn es beim Namen gerufen wird.

Also verkaufen.

Ich habe in einer Zeitschrift für Kleintiere zweimal ein Inserat erscheinen lassen. Mit meinem Namen, mit meiner Telefonnummer. Jemand rief an, bloß um mich zu fragen, ob ich nicht noch zwei Kätzchen bei mir aufnehmen könnte. Zwei Anrufer bestellten die Tiere, fragten genau nach meiner Adresse – und ließen dann nichts mehr von sich hören. Ein paar wollten wissen, ob ich wirklich diejenige sei, die in ihrer Zeitung Samstagsartikel schreibe – sonst nichts.

So saß ich denn an meiner Schreibmaschine, unterbreitete mein Problem, dem gewiß jede Bauernfrau ab und zu gegenübersteht, meinen Lesern. Hätte ich doch den Rat des Ingenieurs befolgen sollen? Oder würden meine Schafekinder ein gutes Plätzchen finden, wenn ich meine Telefonnummer aufführte?

Ich tat's.

Der Apparat lief heiß, so viele Leute wollten die Tiere aufnehmen. Nun sind sie alle beisammen im Emmental. Susi hat sie hingebracht und mir berichtet, schöner als dort könnten sie es nirgends haben. Eine Bauernfrau schrieb mir dann allerdings, es sei nicht ratsam, schwächliche Tiere aufzuziehen, – es sei denn, um sie zu schlachten. Da hat sie – wenn man Tierhaltung, Nutztierhaltung nur vom betriebswirtschaftlichen Standpunkt aus anschaut, sicher recht. Ein Bauer, der rechnet – rechnen *muß* – wird in seiner Herde keine Flaschenschafe zur Zucht verwenden.

Meine letztjährigen Sorgenkinder hatte ich also mit einem Zeitungsartikel versorgen können. Dieses Jahr mußte ich mir nun für Willi etwas neues einfallen lassen. Odivio wollte Willi an den Schlachter verkaufen. Preis Fr. 5.50 pro Kilogramm Lebendgewicht. Willi ist vierunddreißig Kilogramm schwer. Beschluß: Willi wird Odivio abgekauft. Ihm ist es egal, von wem er das Geld bekommt. Willi gehört jetzt also uns. Bezahlt haben wir ihn mit dem Feuerwehrgeld. Gesucht also ein Platz für ein Schaf. Wenn's nicht durch die Zeitung geht, dann eben durchs Telefon. Jeden, der mir aus irgendeinem Grund anrief – sei es nun ein Versicherungsvertreter, ein Fräulein vom Verlag, ein Journalist, ein Radiomechaniker, eine Freundin, der Kaminfeger: alle, alle fragte ich, ob sie nicht ein Plätzchen wüßten, wo man ein liebes Schaf halten möchte – ohne es zu schlachten.

Ich telefonierte auch mit Lotti. Sie nahm meinen Hilfeschrei zur Kenntnis. Lotti ist *noch* der größere Tiernarr als ich. Das will etwas heißen. Wieviele Telefonate sie nun ihrerseits machte, habe ich nicht gefragt. Sie berichtete mir schließlich nur, im Zoo von Magliaso würde Willi gerne aufgenommen. Aber er brauche noch Gespanen. Die konnten wir ebenfalls liefern: den Sämeli und das Rösi, wiederum Flaschenlämmchen, die uns gehörten.

Letzte Woche haben Margrith und Susi das Dreigespann im Malcantone abgeliefert. Dort gibt es jetzt also Alpschafe, die sich streicheln lassen. Streicheltiere ... Ich bin nun so vermessen, zu behaupten, daß der Mensch Streicheltiere ebenso braucht, wie er Nutztiere braucht. Schön, daß man bisweilen diese beiden Bedürfnisse auch miteinander verbinden kann.

\*

Ein Streicheltierchen hat uns Elio geschenkt. Ein Zicklein, so winzig wie eine drei Monate alte Katze. Elio atmete erleichtert auf, als wir ihm vorschlugen, die Fläschchenarbeit zu übernehmen – noch lieber, es vorläufig bei uns im Wohnzimmer leben zu lassen, wo es wärmer ist als im Stall. Zicklein sind viel kälteempfindlicher als Lämmer. Es war ein Böckchen. Margrith und Susi haben es Hausi getauft. Susi, die Berneroberländerin, sagt natürlich Housi. Drei Tage lang hatten wir Hausi bei uns. Er hüpfte auf die Stühle, auf die Betten, boxte gegen Bona und die Katzen, war unsere Wonne – wurde dann unser Sorgenkind, das plötzlich nicht mehr stehen konnte. Margrith pflegte es rührend. Es wollte nicht mehr trinken, wurde zusehends schwächer und schwächer. Dann war es tot. Ich hatte Margrith gesucht und fand sie schließlich, hingekauert auf der Treppe, das tote Tierchen im Schoß. Sie weinte, schluchzte. Ich versuchte nicht, sie zu trösten. Aber ich habe nun eine Idee, wie ich ihr eine Osterfreude machen kann. Sie wird ein Zicklein, ein kräftiges Weibchen aus Elios Zucht erhalten – und Susi auch eines. Vor zwei Jahren haben wir uns geschworen, nie, aber gar nie Ziegen zu halten. (Anmerkung von Susi: Zitat aus Band vier, Seite 159: «Frau Meier sagt, man soll nie nie sagen.») Jetzt breche ich meinen diesbezüglichen

Eid mit Wonne. Mein Tier-Inventar wird immer vielfältiger:

| | |
|---|---:|
| Zicklein | 2 |
| Hühner | 29 |
| Hahn | 1 |
| Truthennen | 5 |
| Truthähne | 2 |
| Milchschafe | 8 |
| Lämmer | 9 |
| Alpschafe | 22 |
| Lämmer | 17 |
| Kaninchen | 45 |
| Esel | 2 |
| Katzen | 7 |
| Hund | 1 |
| | 150 |

Wie wird es wohl nach ein paar weiteren Jahren aussehen? Aber nicht nur mein Tier-Inventar vergrößert sich.

In meinem Haus, das ich eigentlich friedlich und ordentlich allein zu bewohnen gedachte, nimmt der Betrieb hie und da beängstigende Formen an. Es hat sich herumgesprochen, daß wir helfende Hände brauchen können. Wenn ich nun zum Beispiel das Wintervierteljahr überdenke: mehr als im ganzen zehn Tage lang sind wir nicht ohne Besuch gewesen. Luzi, Rosmarie, Bruno, Ruth, Remo, Hanne, Beat, Guido, Hedi, Vreni, Schörneli, Helen, gesellten sich über kürzere oder längere Zeit zu uns. An alle erinnern wir uns mit dem größten Vergnügen, hoffen, daß sie bald wieder zu uns kommen.

Wenn wir aber an Erika denken, dann werden wir traurig.

«Was macht sie wohl jetzt, in diesem Augenblick?»

Wir fragen uns das bei allen möglichen Arbeiten.

«Ob sie lieber jetzt mit uns die selbstgebackenen frischen Brötchen essen würde?»

«Ob sie es nicht vorzöge, Schnee zu schaufeln, den Eselstall zu misten, als stumpfsinnig im Kittchen zu hocken?»

Erika, vierzehnjährig, wurde von den Jugendgerichtsbehörden eines Deutschschweizer Kantons versuchsweise zu mir eingewiesen, um festzustellen, ob wir sie für längere Zeit bei uns aufnehmen könnten. Sie kam, von ihrer Fürsorgerin begleitet, und eroberte unsere Herzen. Die zu langen Stirnfransen fielen über dunkle Augen. Ausdrucksvolle Augen. Die Zähne standen zwar weit auseinander, paßten aber irgendwie zu ihrem Eichhörnchengesicht. Wenn sie lachte, strahlte sie ungemein viel Charme aus. Sie hatte ein bemerkenswertes

Schauspieltalent mit besonderer Neigung zur Komik. Erika, eine bescheidene Blume. Der Name paßte zu ihr.

Von einer Sekunde zur andern konnte das Blümchen sich in einen Teufel verwandeln. Wie wenn man an einem Schalter gedreht hätte, verdunkelte sich ihr Gesicht, wurde eine teuflische Fratze, spuckten ihre Augen Gift und Galle, wurde sie nicht nur störrisch, sondern auch sehr ausfällig, betitelte uns mit den unflätigsten Ausdrücken:

«Ach laßt mich doch, ihr scheißt mich alle an.»

Eine halbe Stunde später war das Gewitter vorbei. Sie lachte, spielte den Hanswurst, schien glücklich.

Erika ist rauschgiftsüchtig. Nicht ein sehr schwerer Fall. Auf Erika wartet ein Gerichtsverfahren wegen Rauschgifthandel. Auch kein sehr schwerer Fall.

Erika raucht wie ein Schlot und ist alkoholgefährdet.

In unseren Alltag eingeflochtene Gespräche zeigten es auf: Erika hat kein Lebensziel, keine wirklichen Interessen. Sie hängt in einem leeren Raum, pendelt dahin, wo der Wind sie hinbläst, schwänzt die Schule und lehnt sich auf gegen jegliche Art von Autorität. Sogar gegen liebevolle Mütterlichkeit. Die scheißt sie ganz besonders an.

«Wir versuchen es mit Liebe.» Susi, Margrith und ich faßten diesen Entschluß gemeinsam.

«Wir müssen ihr zeigen, daß sie zu uns gehört, sie mitreißen.»

Erika kocht gerne. Also wurde ihr dieses Amt übertragen.

Eines Tages fragte sie nach dem Mittagessen, über dessen Gelingen wir ihr alle Komplimente machten, ob sie ein bißchen spazieren gehen dürfe. Natürlich durfte sie – aber sie kam nicht mehr nach Hause. Wir bildeten mit den Leuten des Dorfes Suchmannschaften, riefen nach ihr talauf, talab. Erika konnte am Fluß entlang gegangen, auf einem Stein ausgeglitten und ins Wasser gefallen, ertrunken sein.

Daß ich in sämtlichen Restaurants nach ihr fragte, ist logisch. Die Polizei wollte ich nicht einschalten, um ihr Strafregister nicht noch zu vergrößern. Von unserer schlaflosen Nacht sei hier nicht die Rede.

Ich fand Erika schließlich. In der deutschen Schweiz. Sie wurde wiederum zu mir gebracht. Drei Wochen ging es ganz ordentlich. Wir glaubten schon, das Schlimmste überwunden zu haben. Dann beging sie einen demonstrativen Selbstmordversuch.

«Weshalb soll ich das nicht, wo mich doch alles anscheißt?»

Sie lief uns noch zweimal davon. Was wir alles versuchten, sie zu finden, würde eine Kriminalgeschichte geben. Beim letzten Mal landete sie auf der Polizeistation in Locarno – und wurde anschließend in ihren Heimatkanton abgeschoben. Dort sitzt sie jetzt irgendwo in einer engen Zelle mit Gittern vorm Fenster. Sie wird behaupten, daß ihr das lieber ist, als bei uns zu sein, in dem beschissenen Tal mit den beschissenen Tieren und den beschissenen Leuten, die sie anscheißen.

Zugegeben, bei uns ist's ohne Erika ruhiger und friedlicher. Äußerlich. Aber Erikas Geist ist immer noch bei uns. Vielleicht dringen die geheimnisvollen Ströme unserer Zuneigung bis zu ihr. Bis in ihre Gefängniszelle. Vielleicht ...

Erikas Geschichte ist zu Ende. Wenn ich hier nur einen Bruchteil unserer Besorgnis vermitteln konnte, ist möglicherweise etwas Positives getan:

Wir Erwachsenen jeden Alters können uns nicht verantwortlich genug fühlen, um jedem Jugendlichen, mit dem wir in Kontakt kommen, den Sinn unseres Lebens zu vermitteln. Leben ohne Sinn und Zweck kann zu Drogen führen. An jedem Drogensüchtigen sind wir mitschuldig. Wir, die heutige Gesellschaft. Wir, wenn wir der Jugend nur noch ein Streben nach Geld, nach hochbezahlten Berufen, nach Ansehen vorleben.

Jedes Kind, das den Geruch der Erde, die

Zuneigung von Menschen und Tieren, die Befriedigung durch einfachste Arbeit kennt, ist gegen Drogen immuner.

Wo aber sind die Hände, die unsere Jugend auf diesen Weg führen, bevor es zu spät ist?

\*

So wie ich Susi und Sissi vergleiche, so könnte ich auch von Erika zu Toni eine Parallele ziehen. Toni, 5/5/5/5, Sohn des Titus 6/5/6/6, Gewicht fünfundachtzig Kilogramm. Toni, der zweithöchst bewertete Milchschafbock der Schweiz, Sohn des höchstbewerteten Tieres.

Die rätselhafte Zahl 5/5/5/5 bedeutet, daß Toni in den Bewertungspositionen 1 = «Rahmen, Proportionen, Typ, Wuchs und Gewicht», 2 = «Gliedmaßen, Stellung und Gang», 3 = «Geschlechtsmerkmale», 4 = «Wolle» überall die Note fünf gleich «sehr gut» erreichte. Sechs ist «vorzüglich».

Susi und Fränzi hatten Toni am Milchschafmarkt ersteigert. Seine beiden Großmütter wiesen eine für Schweizer Verhältnisse ganz hohe Milchleistung auf, nämlich 724 und 640 Liter pro Jahr. Die Mädchen hatten auf die Bewertung gar nicht geachtet. Ihnen war bloß die Milchleistung wichtig. Und dann ersteigerten sie also diesen Prachtskerl! Ich wußte nicht recht, auf wen ich nun stolzer sein sollte: auf das schöne Tier oder auf die beiden Mädchen, die so klug gewählt hatten.

Vor dem Kauf fragten sie den Züchter, ob Toni brav sei. Wir wußten vom Hörensagen, daß Milchschafböcke sehr bösartig sein können.

«Das brävste Tier», soll jener Mann gesagt haben. «Und er hat es gern, wenn man ihm die Wange krault.»

Welcher Schutzengel auf der Fahrt von Brugg ins Tessin mitreiste, weiß ich nicht. Es muß ein ganz, ganz großer, ganz lieber Schutzengel gewesen sein.

Toni stieg willig in unser Miniauto, versuchte bloß ein einziges Mal, auf den Vordersitz zu klettern und war sonst wirklich das brävste Tier. Wir stellten ihn seinen acht Bräuten vor.

Eigentlich hätte Toni das schönste Leben führen können. Aber es kam anders. Das brävste Tier war hinterlistig! Ich glaubte den Mädchen erst nicht, wenn sie behaupteten, vor ihm Angst zu haben. Dann erlebte ich es selbst, daß er mich auf dem Weg von der Weide nach Hause gleich dreimal umschmiß. Mit Anlauf von hinten. Ich denke, ich flog jedesmal ein paar Meter durch die Luft. Noch hinterlistiger: er stieß mich jedesmal an genau derselben Stelle. Der Bluterguß, den ich davontrug, war sensationell in Größe, Form und Farben. Toni mußte nun mit zwei Schafen als

Gesellschaft auf der gut eingezäunten Weide beim Haus bleiben. Er brach aus. Die Mädchen schafften es, ihn wieder einzufangen. Wenn man ihn am Halsband festhielt und seitwärts von ihm ging, ließ er sich führen und hatte keine Gelegenheit zu seinen Attacken.

Melken wurde zur Qual. Man mußte Toni mit vorgehaltener Futterschüssel ablenken, an einen Pfahl führen, dort anbinden. Nach der Arbeit ließen wir ihn los, gingen rückwärts, ihn immer im Auge behaltend, zum Ausgang.

Toni wurde unser Terror. Wenn er irgend einen Touristen umstieß, wenn dieser unglücklich auf einen Stein fiel – die Folgen waren nicht auszudenken. Wir mußten ihn, so leid er uns tat, in den Stall verbannen, bis wir einen Käufer fanden. Wir verkauften ihn billig und schenkten der Frau, die ihn erstand, ganz reinen Wein ein. Aber wer Toni nicht erlebt hatte, konnte einfach nicht wissen, auf was man sich mit ihm einließ. Diesmal besorgte Luzi den Transport. Wir fesselten Tonis Beine mit Lederriemen. Mit zwei ruckartigen Bewegungen zerriß er sie, als ob es Papierstreifen wären. Nun wurde er verschnürt wie ein Paket. Wie leid er uns trotz all unserer blauen Male tat!

Sechs Schafe gebaren elf Lämmer. Sechs Auen (weibliche Schafe) und fünf Böcke. Den schönsten Bock haben wir behalten: Thys (mit Uepsilon, bitte), Sohn des Toni und der Olga, Enkel des Titus. Neugierig sind wir nun, ob Thys sich zu einem manierlichen Tier entwickeln wird. Schön ist er, schon groß und stark. Seine Wolle ist jetzt schon länger und dichter als diejenige der andern. Und erziehen wollen wir ihn. Alle haben strengstes Verbot, ihn am Kopf zu berühren. Die Brust darf man ihm kraulen. Sollte er doch Anstalten machen, jemanden anzugreifen, so wird er mit einem Rütchenschlag über die Beine zurechtgewiesen. Thys, bitte, bleib brav. Wir sind so eitel, daß wir dereinst nicht nur den schönsten, sondern auch den brävsten Milchschafbock der Schweiz haben möchten.

\*

Es gibt allerlei Möglichkeiten, geweckt zu werden. Eine sehr, sehr angenehme habe ich heute morgen erlebt: ein himmlischer Duft nach frischem Brot umwehte morgens um halb sechs meine Nase. Was ging denn da vor?

Die Hühner spazierten bereits im Hof herum, Seppli, der Truthahn, kollerte auf der Wiese. Herrgottnochmal: hatten die nun tatsächlich gestern abend vergessen, die Stalltüren zu schließen? Da mußte ich gleich mit einem Donnerwetter dreinfahren. Brötchenduft hin oder her. In der Küche stand Margrith mit teigverklebten Händen.

Auf zwei umgekehrte Wassereimer hatte sie das Plastikwännchen gestellt, das wir als Lämmchenbett verwendet hatten – und darin knetete sie nun ihren Brotteig. Stolz öffnete sie die Backofentüre und zeigte mir die sich eben bräunenden schön ordentlich geformten Brötchen.

«Und die Hühner habe ich schon gefüttert, die Kaninchen auch, und die Truten und die Enten herausgelassen. Bloß die Esel, die Lämmer und Zicklein noch nicht, weil ich nicht genau weiß, wieviel die bekommen.»

Da gab es nichts zu donnerwettern. Da gab es nur, sich zu freuen.

«Weißt Du, ab heute bin ich im achten Monat!» verkündete mir Margrith strahlend.

«Wie bitte?»

«Ja, heute vor acht Monaten bin ich zu Euch gekommen, am zweiundzwanzigsten August, weißt Du noch?»

«Und ob ich mich daran erinnere. Nie mehr vergessen werde ich das. Du – darf ich Deine Geschichte für mein Buch aufschreiben?»

«Natürlich. Ich stehe dazu.»

Margrith ist sozusagen unser neues Fränzi. Dieselbe Fürsorgerin hat ihren Fall behandelt, hat ihr etliche möglichen Familien beschrieben, die bereit wären, sie aufzunehmen. Sie hat ihr auch eines meiner Bücher zum Lesen gegeben. Zeit zum

Lesen hatte sie, denn sie saß im Gefängnis. Drogen. Sie wurde von der Polizei aufgegriffen, weil sie an einer Häuserbesetzung teilnahm.

Weshalb sie sich entschloß, ausgerechnet uns auszuwählen, erklärte sie mir in einem Brief: die Art zu leben, der Umgang mit vielen Tieren in der Natur sei das, was ihr am meisten zusage. Sie fühlt sich von allen Menschen unverstanden, sie sei sensibel und erschrecke, wenn man sie anbrülle.

Ich weiß es noch genau. Susi und ich hatten die Schafe und Esel auf die Weide gebracht und Margriths Brief dort gelesen. Bienen summten, ein Schmetterling tanzte über die Blumen, ein sanfter Wind bog die Grashalme. Da hockte ein armes, vernachläßigtes, scheues Kind in einer Gefängniszelle und bat darum, bei uns aufgenommen zu werden. Es war überhaupt keine Frage, daß sie zu uns kommen durfte. Fränzi verließ uns Anfang September, um als Volontärin in einer Schule in Locarno die italienische Sprache noch besser zu lernen und ihre Kenntnisse in der Haushaltführung zu vertiefen. Susi und ich, wir stellten uns beide Margrith blond, zierlich, blauäugig, scheu vor. Ein Kind, zwar schon achtzehnjährig, das man aufpäppeln, aufrichten mußte.

Der Schock war gewaltig.

Was da kam, war eine Salome, die den blutigen Kopf des Johannes gebieterisch forderte! Ihre

Kleidung war nach ein paar Tagen das Dorfgespräch, und einen Übernamen hatte sie auch schon: lo spaventapasseri – der Spatzenschreck oder die Vogelscheuche.

Heute male ich genüßlich das Bild, wie Margrith damals aussah: sie trug ihr stark gekraustes Haar offen, beinahe hüftlang, mit Henna gefärbt. Ihre bleiche Haut war voller Pickel. Sie hat hübsche, himmelblaue Augen, die damals aber unbestimmt, fragend, trotzig, fordernd dreinblickten. Und ihre Kleidung: hochhackige, eisenbeschlagene Cowboystiefel, darüber Haremshosen aus schwarzem Satin, darüber ein violettes beinahe knielanges Hemd, darüber einen etwas kürzeren, rosaroten Pullover, darüber ein altes, schwarzes Smokinggilet mit etwa einem halben Dutzend Similibroschen besteckt. Und so kam sie mit, um die Schafe zu füttern, die Kaninchen zu tränken. So kam sie auch mit, wenn wir in Darios Ristorante eingeladen wurden. Wir wurden allerdings kaum mehr eingeladen ...

Sie ließ sich in ihrer Art, sich zu kleiden, nicht dreinreden. Im Gegenteil, sie genoß es, uns immer wieder damit herauszufordern, um dann stundenlang über ihre Rechte zu diskutieren, sich so wie sie wolle anzuziehen und nicht anders. Huch, Margrith, hast du damals unsere Nerven «strabliziert». (Wort von Fränzi.)

Einen ersten Lichtblick gab es an jenem Tag, wo sie mich nach einem Gummiband fragte, um ihre Mähne zu bändigen. Einen weiteren, als sie Haarnadeln benötigte, einen weiteren, als sie bat, mit nach Locarno genommen zu werden, um ihre Haare schneiden zu lassen. Das war im November. Im Januar verschenkte sie ihr heißgeliebtes Gilet und wünschte sich dafür einen blauen Bauernkittel. Die rosaroten Jeans wurden dunkel gefärbt, die hennaflammenden Haare dafür nicht mehr. Wozu auch, sie hat eine sehr hübsche Haarfarbe – wie dunkler Honig. Und ihre Haut ist inzwischen gesund geworden. Daran ist die Schafmilch schuld. Die an allen Fingern damals mindestens um ein Drittel abgeknabberten Nägel haben heute normale Länge und ein ordentliches Rändchen. Auch in die Augen schaut man ihr jetzt gerne. Da sitzt einiger Schalk drin und auch Zufriedenheit.

Das Rauchen möchte sich Margrith noch ganz abgewöhnen. Ich weiß, sie wird auch das schaffen. Ihr Corrado raucht nämlich auch nicht. Die zwei sind ein hübsches Paar. Corrado ist Ziegenbauer, anfangs zwanzig, unglaublich arbeitsam, groß, breitschultrig. Genau der Fels, der die Blume Margrith beschützen soll. Die zwei haben weiß Gott schon Heiratspläne. Aber zuerst muß Margrith noch viel lernen.

Corrado weiß von Margriths Vergangenheit. Es ist eine traurige, tragische Geschichte: ihr Vater verunglückte, als sie zweijährig war, auf entsetzlich tragische Weise. Einen großen Teil ihrer Schulzeit verbrachte sie in diversen Schulheimen, angefangen in der französischen Schweiz, weitergeführt im Engadin, beendet in einer Anstalt irgendwo bei Zürich. Wenn ich an meine ersten Jugendjahre zurückdenke, an die Sonntagmorgen-Spaziergänge an der Hand meines Vaters, an jenes Geborgenheits- und Vertrauensgefühl, und mir dann vorstelle, wie es in ihr ausgesehen haben muß ... Kein Wunder, daß sie schließlich prinzipiell gegen alles war, was bürgerliche Ordnung, normalmenschliches Verhalten, irgendwelche Disziplin und Rücksichtnahme bedeutete. Sie hatte keinen Sinn dafür, irgend etwas für eine Gemeinschaft zu tun – gar ein Opfer zu bringen. Sie war bloß ständig sprungbereit, um irgend eine Ungerechtigkeit ihr gegenüber, ein Bevorzugen der anderen aufzudecken.

Es gibt Leute, die nicht verstehen, weshalb Susi und ich Jugendliche wie Fränzi oder Margrith bei uns aufnehmen. Ganz speziell in Margriths Fall glaube ich aber, daß sie durch Aufenthalte in Heimen – seien sie auch durch noch so geschultes Personal geführt – nie lernen würde, sich wie ein Mitglied einer «normalen» Gemeinschaft aufzuführen. Das enge Zusammenleben auf einem engen Raum gibt ihr nun, so hoffe ich, je länger je mehr das Nestgefühl, das ihr fehlte. Jenes Nestgefühl hat heute morgen wohl dazu geführt, daß sie freiwillig schon um vier Uhr aufstand, um Brötchen für uns zu backen, um die Kaninchen und Hühner zu besorgen, was eigentlich heute meine Aufgabe gewesen wäre.

Mögen also die Leute den Kopf schütteln. Für mich vermag ein bißchen Brötchenduft monatelang strapazierte Nerven wettzumachen.

Leid tut es mir, daß ich nicht mehr Platz in meinem Haus habe. Ich würde sonst neben einem jungen Mädchen auch noch ein oder zwei kleinere Kinder aufnehmen. Solche aus dem Nest gefallenen Vögelchen, an denen man irgend etwas gutmachen muß. Wenn ich mehr Platz hätte ...

Hie und da fahre ich wegen dieses Satzes beinahe aus der Haut:

Seit mehr als zwei Jahren kämpfe ich um die Bewilligung, mein Haus zu vergrößern. Ich möchte ein Atelier anbauen, wo wir während der Winterzeit weben, spinnen, Wolle färben können. Es wären drei winzige Schlafzimmer vorgesehen, eine zusätzliche Dusche, eine Küche innerhalb des Hauses. Wie schön wäre es zum Beispiel, wenn jedes der Mädchen einen eigenen Schrank hätte. Wie schön wäre es, wenn ich nicht für jede Mahlzeit mein gesamtes Schreibzeug vom Tisch räumen müßte. Wie schön wäre es, wenn nicht auf der Außentreppe – Moment, ich gehe schnell zählen – acht Paar Gummistiefel, vier Paar Turn-, drei Paar Bergschuhe und sechs Paar Pantoffeln stünden!

Mein Bauprojekt ist dem Stile der hiesigen alten Häuser angepaßt – bloß die Atelierfenster müßten etwas größer sein. Wir würden auf einem Holzherd kochen, die Beleuchtung durch Sonnenreflektoren, zusätzliche Wärme durch ein Warmluftcheminée erzeugen. Holz haben wir rings ums Haus genug.

Es ist sinnlos, davon zu träumen, bevor wir die Baubewilligung haben. Seit einem halben Jahr bemüht sich auch ein Rechtsanwalt darum. Bis jetzt erfolglos. Aus einem einzigen Grund: mein Haus steht in der Grünzone. Da werden bloß Bauten, die einem landwirtschaftlichen Zwecke dienen, bewilligt. Unser Tierarzt, der uns hilft, wo er kann, und unsere Probleme sieht, hat bei den Behörden nun argumentiert, ein Wollverarbeitungsatelier zumindest sei ein Gebäude zu landwirtschaftlichen Zwecken – genau wie eine Käserei. Seit sechs Monaten brüten nun die zuständigen Ämter über dieser Frage. Und ich übe mich in Geduld und spiele nur ganz am Rande mit den Gedanken, wie schön es wäre, die Hand eines Kindes über Fritzlis goldglänzendes Fell zu führen.

Selten, ganz selten sehne ich mich zurück nach meinen Jahren des Einsiedlerlebens. Da war mein Haus so durchorganisiert, daß ich alles auch im Dunkeln fand. Jetzt ist es oft so, daß ich unendlich viel Zeit vertrödle, um eine dringend benötigte Kleinigkeit zu finden. Sind bloß wir drei hier, dann geht es noch. Aber zum Beispiel heute sind wir zum Schlafen zu sechst, zum Essen acht. Jeder tut wohl sein möglichstes, um diszipliniert zu sein.

Leben aus dem Koffer oder Rucksack ist mühsam. Für den, der seine Habe darin sucht – und für den, der darüberstolpert. Der Umgang mit Tieren hat mir die Augen geöffnet, hat meine Geruchsnerven verfeinert, mein Gehör geschärft. Ich brauche meine nun besser ausgebildeten Sinne auch im Umgang mit Menschen – und verstehe dadurch zum Beispiel die komplizierten Gedankengänge eines jungen Menschen wie Margrith oder Fränzi besser.

Hinter die Geheimnisse des Wunders Leben zu kommen, gibt dem Leben den Sinn. Eben jenen Sinn, den wir die uns nachfolgende Generation zu lehren vergaßen. Es gibt auch Glauben an einen Schöpfer, der die Welt so klug eingerichtet hat. Mit dem Glauben auch die Ehrfurcht, zu dieser Welt Sorge zu tragen, nicht zu zerstören, sondern zu erhalten, zu versuchen, Zerstörtes wieder aufzubauen, mit Sorgfalt, mit Nächstenliebe, Geduld und Opferwillen.

So stolpere ich eben weiter über Koffer und Rucksäcke und gebe mir Mühe, nur ganz leise mit den Zähnen zu knirschen, wenn ich die Seiten meines Manuskripts nach halbstündigem Suchen schließlich unter einem Stoß alter Zeitungen wiederfinde ...

*

Der Traum vom «Leben auf dem Lande» – er sei heute zur Mode geworden. Ist er bloß eine Mode und ist er es wirklich erst heute? Ich weiß genau, daß ich ihn schon vor dreißig Jahren träumte. Ich suchte den Umgang mit Tieren, indem ich in der Stadt Dressurreiten lernte, indem ich in der Stadtwohnung eine Katze hielt, die nie ins Freie durfte. Ich kompensierte meine Gartengelüste durch Blumen und Küchenkräuter im Balkonkistchen. Vollends aber träumte ich den Traum in den Ferien. Im Tessin. Wem ginge es nicht ähnlich, ob im Engadin, ob in der Provence, in der Toscana, in Irland? Man durchwandert oder durchfährt romantische Landschaften, bewundert da eine Kirche, dort eine Schafherde ... Dann taucht der Gedanke auf, wie es wohl wäre, wenn man jene alte Mühle kaufen könnte. Oder das Bauernhaus am Waldrand mit dem Blumengarten. Die Phantasie beginnt noch üppiger zu knospen als die Dahlien in jenem Garten.

Wenn man nicht mehr zurück müßte in die Stadt, wie wäre das? Hier könnte man sein eigenes Gemüse anbauen, Schafe halten oder Ziegen, Katzen, Hunde, vielleicht ein Pony für die Kinder. Den Kindern würde es besser gefallen, hier zu leben statt im Hochhaus. Da könnten sie spielen, toben, ohne jemanden zu stören.

Aber die Schule? Und wie könnte man zum Beispiel die Abzahlungsraten für den neuen Wagen, den Fernseher finanzieren?

Die Blumen der Phantasie verdorren, bevor sie ganz aufgeblüht sind. Aus dem in bunten Farben leuchtenden Bild wird ein Schwarzweißfoto, das man in irgend einem hintersten Hirnschublädchen zu andern verstaubten Fotos legt, wird vergessen. Wird solange vergessen, bis die kleine Tochter schluchzend heimkommt, weil der Hauswart sie wegen ihrer sandbeschmutzten Schuhe gescholten hat.

Ich habe meinen Haus-auf-dem-Lande-Traum verwirklicht, kenne auch etliche Ehepaare, die es taten, trotz allem. Dabei zähle ich diejenigen nicht dazu, die sich eine Zweitwohnung oder ein Zweithaus leisten können und zwischen den Wohnsitzen auf dem Land und in der Stadt hin- und herpendeln. Ich meine diejenigen, die Kind und Kegel einpackten, irgendwo hinzogen, ein altes Haus oder gar bloß einen Stall allmählich wieder instandstellten, selbst machten, was immer nur möglich war.

Ich kenne auch solche, die wieder aufgaben, reumütig in die Stadt zurückkehrten.

Diejenigen, die durchhielten, haben etliches gemeinsam: es sind Ehepaare, die sich über ihre Zukunftspläne einig sind. Gegen den Willen des Partners darf man sich sicher nicht in ein derartiges Abenteuer stürzen.

Die Kinder sollten entweder im vorschulpflichtigen Alter sein – sie gewöhnen sich dann eher an einen vielleicht mühsamen Schulweg, gar an eine andere Sprache. Oder sie sollten die Schuljahre bereits hinter sich haben. Vielleicht allerdings wird das Handicap des Sprachwechsels während der Schuljahre – zumindest bei normal begabten Kindern – auch überbewertet.

Man muß sich absolut bewußt sein, daß bäuerliche Selbstversorgung zwar ein schönes Ding ist, aber große und sehr vielseitige Erfahrung braucht. Ein Stadtmensch kann sie nicht mitbringen, muß also Lehrgeld bezahlen. Bis man soweit ist, nicht nur für sich selbst, sondern auch noch zu Erwerbszwecken landwirtschaftliche Erzeugnisse zu produzieren, vergehen Jahre. Anders ausgedrückt: es müssen Einkünfte anderer Art vorhanden sein. Die Berufe, die sich unabhängig vom Wohnort ausüben lassen, sind nicht unbedingt zahlreich. Ich kenne deshalb auch «Selbstversorgungspioniere», die zwar einen intellektuellen Beruf haben, zeitweise aber als Bauhandlanger arbeiten.

Zu mir kommen beinahe täglich junge Leute, die auf ihre Weise vom Leben auf dem Lande träumen. Sie haben wenig Geld, oft keinen Beruf, kaum Ahnung von Landwirtschaft und stellen sich vor, für einen Pappenstiel irgendein verlassenes Gehöft erstehen oder pachten und davon leben zu können.

Die Zeit der Pappenstiel-Preise ist längst und endgültig vorbei!

Mein Rat: sofern das sich irgendwie machen läßt, eine landwirtschaftliche Lehre zu absolvieren, zu arbeiten, ein Grundkapital zu sparen – und dann erst sich nach etwas Geeignetem umsehen.

Viele, allzuviele wünschen sich, im Tessin ansäßig zu werden. Die wenigsten aber haben auch nur eine Ahnung der italienischen Sprache. Hier dehnt sich mein Rat auch darauf aus, unbedingt intensiv Sprachkurse zu besuchen. Wie soll man sich assimilieren, wenn man sich mit Ämtern, Behörden, mit den Mitbewohnern des Dorfes nicht richtig verständigen kann?

Bezüglich der Lage im Tessin – gewiß auch in

anderen touristisch bekannt werdenden Gegenden – besteht heute ein weiteres Problem, eine etwas paradoxe Situation:

Es gäbe wohl nicht mehr bewirtschaftete Bauerngüter, Häuser und Ställe. Die Jugend der alteingesessenen Bevölkerung interessiert sich im allgemeinen kaum mehr für den Bauernberuf. Es gäbe Äcker und Weinberge, die der Wald in den letzten zwei Jahrzehnten verschlungen hat. Die Boden- und Liegenschaftspreise sind aber infolge der Nachfrage nach Ferienhäusern so gestiegen, daß sie für überlegende werdende Selbstversorger meist unerschwinglich sind – es sei denn, ein lieber Papa mit dickem Portefeuille stünde dahinter.

Diese Entwicklung macht mir Sorge. Tourismus und Landwirtschaft sind nicht unbedingt ein ideales Paar. Sie sollten aber eine Art Vernunftehe führen, denn sie brauchen einander notgedrungen. Frißt der Tourismus die Landwirtschaft auf, so droht eine Gegend touristisch weniger interessant zu werden. Auf eine Alp gehört Vieh und Glockengebimmel. Ein Bauernhaus ist viel schöner, wenn es vom richtigen Garten umrahmt ist. Man kann es aber keinem Alpbesitzer übelnehmen, wenn er sein Gut zum Beispiel einer Firma verkauft, die die Hütte zu einem Ferienhaus für ihre Angestellten umfunktioniert und einen mehrfach höheren Preis dafür bezahlen kann als einer, der sie für ihren eigentlichen Zweck verwenden will. Aber an Hängen, deren Gras nicht mehr abgeweidet oder geheut wird, gleitet der Schnee schneller, entstehen Lawinenzüge. Geröllhalden werden die Wiesen ablösen. Ein trauriges Bild! Eines von vielen ähnlichen.

Neben dem großen ein winzig kleines Beispiel: Wenn wir unsere Tiere auf die Weide führen, lesen wir auf dieser gut einen Kilometer langen Strecke täglich eine große Tüte voller Zivilisationsabfall auf: Stanniol, Kaugummipapier, Milchpakkungen, Fruchtbehälter aus Plastik, Zigarettenpäckchen, liegengelassene Metatabletten. Oder wir treffen nicht gelöschte Picknickfeuer an, die sich durchs dürre Gras zu fressen beginnen.

Ich wage es nicht, mir vorzustellen, wie es hier aussähe, nähmen wir nicht immer wieder diese Aufräumearbeit vor. Möglicherweise allerdings würde es kaum jemanden stören. Die Menschheit ist schon so an den Anblick ihres eigenen Abfalls gewöhnt.

Kritik soll konstruktiv, nicht destruktiv sein. Wenn aber nun einer mich fragt, wie man es besser machen könnte? Ich weiß keine Patentlösung, glaube aber unbeirrbar, daß es immer wieder Menschen, junge, mittelalterliche und ältere geben wird, die allen Widerständen zum Trotz – und auch wenn es nicht mehr als eine Modesache angesehen wird – zum Leben auf dem Lande zurückkehren. Nicht, indem sie sich einfach aufs Geratewohl in ein Abenteuer einlassen, sondern indem sie dieses Abenteuer so genau vorbereiten wie eine Hochgebirgsexpedition. Eine Expedition allerdings, die ein ganzes Leben lang dauern soll, vielleicht nicht auf dem ursprünglich geplanten Gipfel endet, und nur für Leute geeignet ist, die weder ihren Stundenlohn ausrechnen, noch irgendwelche Ferienansprüche geltend machen wollen. Ihr Leben wird nämlich so randvoll ausgefüllt und befriedigend sein, sie werden ihren Mitmenschen so viel geben können, daß sie mit viel weniger viel glücklicher sind. Wie sagte schon Goethe: «Wie wohl ist mir's, daß mein Herz die simple harmlose Wonne des Menschen fühlen kann, der ein Krauthaupt auf seinen Tisch bringt, das er selbst gezogen.»

*

Jeder von uns hat seine Lieblingstiere. Bei Susi nehmen die Esel den Platz Nummer eins ein. Pierino und Nelli fühlen dies offenbar und danken Susi dies mit meist besonderem Gehorsam.

«Du bist ein Esel» ist bei uns längst kein Schimpfwort mehr. Wer behauptet, Esel seien dumm, ist selbst ein E..., äh, einer, der nichts von Eseln versteht. Findet man den Grund heraus, weshalb ein Esel bockt, kann man das Tier möglicherweise – aber nur möglicherweise – dazu bringen, sein Verhalten zu ändern. Esel sind ängstlich. Unser Pierino zum Beispiel ist viel, viel ängstlicher als Nelli. Es kann aber trotzdem gar keine Rede davon sein, daß Nelli nun eine emanzipierte Eselin ist. Sie läßt ihrem Gespanen stets den Vortritt, folgt ihm aber durch dick und dünn in rührender Anhänglichkeit. Ich glaube, Susi könnte mit den beiden rund um den Erdball ziehen, ohne daß sie Nelli je anbinden müßte. Es genügt, Pierino zu führen. Nelli kommt ihm nach, auch wenn sie noch so schwer beladen ist. Wer also Esel zu Transportzwecken hält, tut gut daran, ein Paar zu beschäftigen. Der Arbeitsaufwand des Führens ist bei zweien genau gleich groß wie mit einem Tier.

Es gibt sehr wenig Literatur über die Eselhaltung. Für viele Fragen genügen auch Pferdebücher. Ich denke da zum Beispiel an unsere Probleme des Beladens. Unsere Esel würden sich eine Last nicht nur lose auf den Rücken legen lassen, wie dies Esel in südlichen Gegenden erlauben. Mag sein, daß unsere noch zu jung und übermütig sind, mag auch sein, daß wir sie zu gut halten (Schlagen ist selbstverständlich verboten). Wir haben den beiden richtige Bastsattel machen lassen, die der Ordonnanz der Schweizer Armee entsprechen. Der Sattel selbst ist aus Buchenholzlatten, dick mit Filz gepolstert, mit Bauch-, Brust- und Schwanzriemen versehen. Darunter kommt eine dreimal gefaltete Satteldecke. Über den Sattel legen wir entweder Satteltaschen, die ich bei der Ausschußware eines Zeughauses fand, oder jene hübschen marokkanischen Bastkörbe. Diese sind aber nur für ganz leichte Lasten geeignet.

Für Heutransporte haben wir drei große Säcke der Länge nach aneinandergenäht. Diese werden ganz prall gestopft, damit das Gewicht möglichst gleich ist, und am Sattel festgeknotet. Unsere heubeladenen Esel sind jeweils eine Touristenattraktion.

Wer im Frühjahr einem struppigen Esel begegnet, schließe aus dem Zustand des Fells nicht auf schlechte Haltung des Tieres. Ein Esel, der sein Haarkleid wechselt, schaut wie von Motten zerfressen aus. Vor allem unsere Nelli ist zwei, drei Wochen lang ein gar häßliches Entlein, nein, natürlich Eselein, und wird daraufhin mit ihrem kastanienfarbigem, seidig glänzenden neuen Fell zu einer absoluten Schönheit. Dann wird sie zu einem edlen kleinen Esel.

Nelli läßt sich vor allem auch gerne reiten. Ich erlaube dies nur Kindern. Reitsattel haben wir keinen. Es würde auch einem Reitlehrer auffallen, zu sehen, welch guten Sitz sogar ein gänzlich ungeübtes Kind auf den sattellosen Tieren ganz automatisch einnimmt. Vitus, mein neunjähriger Neffe, schaut hoch zu Esel genau aus wie ein Sioux-Indianer (er sagt zwar ‹Sirup-Indianer›) en miniature.

Bevor ich Pierino kaufte – ich hatte mir ja jahrelang einen Esel gewünscht – war meine große Sorge die Hufpflege gewesen. Ich glaubte, auch Esel müßten beschlagen werden. Das ist sicher der Fall, wenn sie oft auf Asphalt laufen müssen. Auf unseren steinigen Pfaden nützen sich die Hufe wohl ab. Sie werden von Zeit zu Zeit nachgehobelt, eine Prozedur, die uns und die Tiere etliche Schweißtropfen kostet. Das Innere des Hufs wird gelegentlich mit einem Hufmesser gesäubert. Bis heute – touch wood – hat keines der Tiere je gelahmt.

Ein großer Unterschied besteht zwischen der Esel- und Pferdehaltung: die Fütterung. Esel sind rührend anspruchslos. Sie würden sich sogar mit dem Heu zufrieden geben, das die Schafe in der Krippe zurücklassen und das man dann als Streue verwendet. Möglicherweise hat sich aus dieser Anspruchslosigkeit der Begriff des «dummen Esels» herausgebildet. Wir geben Pierino und Nelli am Morgen nebst Heu und Wasser etwas Kleie. Die Mineralsalzbecken der Schafe stünden auch ihnen zur Verfügung. Sie interessieren sich aber nicht dafür. Besondere Leckerbissen sind außer den sprichwörtlichen Karotten Orangen-, Zitronen- und Grapefruitschalen. Aber Vorsicht: zuviel verursacht Durchfall.

Auch Äpfel mögen sie gern. Pierino «half» Odivio einmal bei der Apfelernte. Odivio behauptete, er habe mindestens zehn Kilogramm davon gefressen. Der Durchfall, der darauf folgte – das kann *ich* behaupten –, der war sagenhaft! Neben dem Apfelbaum Odivios steht aber ein Mispelbaum. Die Früchte waren damals beinahe reif. Pierino knabberte alle erreichbaren ab. Ich ließ ihn gewähren – und las erst letzthin, daß Mispeln ein längst erprobtes Heilmittel bei Durchfall sind.

Wer wagt es noch, einen Esel dumm zu nennen?

Was tut man, wenn ein Esel bockt und mit allen Mitteln nicht dazu zu bewegen ist, seinen Starrkopf zu beugen?

Wir standen erst einmal vor diesem tiefschürfenden Problem – und waren zugleich dem Gelächter des ganzen Dorfes inklusive vieler Touristen ausgeliefert.

Pierino – er war damals noch allein – hatte sich aus unerfindlichen Gründen plötzlich entschlossen, die Brücke nicht mehr zu betreten. Definitiv und endgültig!

Das wäre an sich nicht so schwerwiegend gewesen, hätte er seinen Entschluß nicht am falschen Ende der Brücke gefaßt. Auf der unserm Haus entgegengesetzten Seite des Flusses. Irgendwie mußte er ja wiederum heim.

Er war beladen mit den Einkäufen vom fahrenden Selbstbedienungsladen, wurde – es war mitten in der Sommerzeit – von Touristen umringt und von allein Seiten fotografiert. Susi führte ihn. Fränzi ging hintendrein. Jedermann war entzückt über das hübsche Dreigespann. Die Mädchen lächelten fotogen, Pierino blickte lammfromm oder eselfromm aus seinen schönen, dunklen Augen, fraß schnell ein paar Löwenzahnblättchen am Wegrand.

Sie langten bei der Brücke an. Ich stand indessen oben beim Haus und schaute gefällig – selbstgefällig – viel zu selbstgefällig – hinunter.

Pierino hielt an. Susi zog am Halfterstrick. Er lehnte sich zurück, um ihrem Zug Widerstand zu leisten. Nichts. Null.

Susi zog nun mit aller Kraft mit beiden Händen am Seil. Nichts. Fränzi schob von hinten. Nichts. Oder vielmehr: etwa zehn Fotografen knipsten die verzweifelte Situation.

Ich bog mich vor Lachen. Es schaut nun einmal urkomisch aus, wenn ein Esel bockt.

Es war klar, daß ich den beiden – oder den dreien – zu Hilfe eilte. Bis ich unten war, hatten sie Pierino auf den Rat eines Touristen hin einen Pullover über den Kopf gestülpt.

«Wenn ein Esel nichts mehr sehen kann, bockt er nicht mehr.»

Möglicherweise reagieren andere Esel so. Pierino jedenfalls machte bloß ein paar unwillige Schritte rückwärts. Sonst geschah weiter nichts.

«Überlisten!»

Susi führte ihn im Kreis erst von der Brücke weg, dann wieder zurück. Wir hielten ihm einen Apfel vor die Nase. Er folgte uns ganz willig bis haargenau zum selben Punkt am Brückenaufgang. Schluß. Punkt. Ziehen nützte nichts. Auch wenn sich hinten an Susi noch drei weitere Personen hängten und zogen. Schieben nützte nichts, auch wenn sich hinter Fränzi drei, vier andere stellten und schoben.

Wir waren umringt von Tränen lachenden Leuten. Allmählich war es uns aber nicht mehr ums Lachen. Susi hat einen «Bärnergring» – einen harten Berner Kopf. Ich habe einen «Bündnergrind» – einen harten Bündner Kopf. Die Bündner und die Berner sind sich nun ja längst nicht einig, wer nun wirklich den härtesten Kopf hat. In unserem Falle war bloß klar, daß Pierinos Kopf *noch* weit härter war.

Ein Tessiner half uns aus der Klemme: Ernesto kam, auf seinen Stock gestützt, um sich über den Grund des Volksauflaufes bei der Brücke zu informieren. Ernesto habe ich noch nicht vorgestellt:

Er ist ein liebes, altes Männchen, verbringt stets den Sommer hier. Er ist immer mit sich und der Welt zufrieden und lacht uns stets mit seinem zahnlosen Mund freundlich an. Sonntags ist sein Lachen noch strahlender. Denn am Sonntag zieht er seine falschen Zähne an.

Also: Ernesto kam, erklärte, er sei früher Trainsoldat gewesen. Es gäbe einen einzigen Trick, um ein derart bockendes Tier zur Raison zu bringen. Der Trick wirkte. Ich gebe ihn hiermit weiter:

Man nimmt einen Ledergurt – ich zog den meinigen aus den Blue Jeans – und legt ihn waagrecht um den Hinterteil des Tieres. Dann zieht man zu zweit auf den beiden Seiten. So stand Pierino nur noch auf den Vorderbeinen und mußte notgedrungen ein paar Schritte machen. Erst war es mühsam. Nachher ging es wie geschmiert. Beim Brückenende angelangt, rannte unser störrischer Esel uns davon. Susi hielt den nun nutzlos gewordenen Gürtel in der Hand, und ich nestelte hastig meine Hose wieder hoch, die mir in der Hitze des Gefechtes bis in die Kniegegend gerutscht war ...

\*

Es läßt sich auch im «Leben auf dem Lande» nicht vermeiden, daß man in unangenehme Situationen gerät, ohne daß man etwas dafür kann.

Situationen, in denen man sich vorkommt wie einer, dem man unversehens einen Kübel voll kaltes Wasser über den Kopf leert, wo man sich fühlt, wie «e gchläpfte Aff» – ein geohrfeigter Affe. So bezeichnete dies Margrith.

Heute zum Beispiel waren unsere Schafe – die Milchschafe – schuld. Sie haben herausgefunden, daß das Gras diesseits des Flusses viel besser schmeckt. Sie stehen stundenlang an der Brücke, warten darauf, bis ein Tourist das Brückentürchen nicht richtig schließt – und schon sind sie drüben. Dort drüben, wo es ein wunderbar gepflegtes Gärtchen gibt, durch dessen Zaun sie genüßlich Blumen fressen.

Das Gemeindereglement sieht vor, daß jeder Besitzer Land, das er nicht im Frühjahr und Herbst zur Weide freigeben will, gebührend einzuzäunen hat. Aber es ist eben ärgerlich, wenn Tiere (es soll auch solche Menschen geben) über den Hag fressen. Und das tun unsere Schafe nun. Wie es auch Schafe anderer Leute tun würden. Heute morgen geschah es zum vierten oder fünften Mal in diesem Jahr. Die Mädchen rasten zwar sofort, um sie wiederum zurückzutreiben. Sie waren aber nicht schnell genug, um sich die Schimpftiraden jenes Gartenbesitzers zu ersparen. Um es vorweg zu nehmen: es sind keine Tessiner, doch an sich auch liebe Leute. Was sie aber den Mädchen an den Kopf warfen, war alles andere als lieb. Wir sollten besser auf unsere Drecktiere aufpassen, sagten sie – und überhaupt: wir selbst seien alle dreckig und stänken!

Stimmt!

Wir sind oft dreckig, weil wir auf dem Stallboden knien, um bei einer Ziege Geburtshilfe zu leisten, ein krankes Schaf zu pflegen. Noch schlimmer, wir sind auf Gestank und Dreck stolz. Beides kommt von einer Arbeit und einem Dienst an unseren Dorfbewohnern und an Tieren.

Aber solche Vorwürfe schmerzen. Wie kann man sich dagegen wappnen? Indem wir nun auf unsere Kosten eine Türe mit Federzug machen lassen, die sich automatisch schließt.

Wie kann man sich wehren? Überhaupt nicht. Man muß das kalte Wasser und die Ohrfeigen zu ertragen versuchen.

Margrith hat eine Idee. Irgendwo in der Bibel steht, daß man einem, der Ohrfeigen verteilt, auch die andere Wange hinhalten soll. Einzig wenn man weiß, welchen Weg Margrith ging, bevor sie zu uns kam, kann man ihren Gedankengang gebührend würdigen. Sie hat auch gleich einen Vorschlag, auf welche Weise wir unsere Wange hinhalten wollen: sie bäckt einen Butterzopf. Das kann sie hervorragend. Den legt sie morgen ganz früh vor jenen Garten. Mit einem Kärtchen:

«Alles Liebe und Gute wünscht Ihnen Margrith.»

Wenn jene Leute die Geste verstehen – und ich halte sie dafür für intelligent genug – werden sie unseren Schafen die abgefressenen Blumen verzeihen. Wir setzen alles daran, damit es nicht mehr passiert.

\*

Ein Tag später.
Wir haben die zweite Ohrfeige erhalten. Margriths Bitte um Verzeihung wurde nicht angenommen. Ihr schön eingepackter Zopf lag auf unserem Autodach. Kommentarlos. Mitsamt dem Kärtchen. Jetzt wissen wir es ein für allemal. Wir werden verachtet. Margrith ist so hartnäckig, daß sie weiter überlegt, was wir denn jetzt noch machen könnten zum Zwecke der Versöhnung.

«Nichts, einfach gar nichts. Uns Mühe geben, daß die Schafe nicht über die Brücke gehen. Jene armen Leute bedauern. Vielleicht kommt einmal der Moment, wo sie auf unsere Hilfe angewiesen sind. Dann werden wir helfen – wird unsere Hilfe wohl angenommen – auch wenn wir stinken.»

Der ganz kleine, dumme Vorfall gibt mir aber viel mehr zu denken, als ich mir merken lassen will.

Keimt nicht, ausgelöst durch Kleinigkeiten wie zum Beispiel blümchenfressende Schafe, jene böse

Saat, die Jugendliche zu Alkohol und Drogen, zur Kriminalität treibt? Was nützt die Selbstgerechtigkeit derjenigen, die fromm zur Kirche gehen, die mit himmelhoher Verachtung herunterschauen auf Junge, die zur Droge gegriffen haben – und auf diejenigen, die solch verirrte Kinder wieder auf den rechten Weg zu führen versuchen?

Emilia hat es begriffen: sie hat Zeit fürs Gespräch, auch wenn ihr Tagwerk dasjenige eines Schwerarbeiters ist. Sie sucht es mit Susi, mit Margrith, obwohl jene oft Mühe hat, sich auszudrücken oder etwas zu verstehen. Wir begegnen Emilia nie, ohne daß sie nicht ein paar freundliche – hie und da auch zurechtweisende – Worte mit uns spricht. Ich glaube, da wo man miteinander spricht, ist die Welt noch in Ordnung – auch bei Meinungsverschiedenheiten.

*

Herbstliche Tagebuchnotizen:

Die bunten Blätter fallen. Sie spiegeln sich in tausend Regenpfützen, sie tanzen wie Schiffchen auf den Wellen des grünen Flusses, sie kleben auf den Dächern, auf dem Asphalt der Autostraßen. Auf Schweizerdeutsch gesagt: «es herbstelet». Es regnet. Es gießt.

Der Strom der Wanderer verebbt.

Odivio und Cesare haben die Schafe von der

Alp gebracht. Keller und Scheunen sind voll, beinahe übervoll. Der Winter kann kommen, wann er will. Emilia prophezeit viel Schnee. Die Bienen bei uns waren sehr fleißig. Auch die Nußbäume tragen schwer. Dies seien zwei Zeichen für einen harten Winter. Wir werden sehen.

Es gibt hübsche, ein wenig wehmütige Lieder, die den Abschied der Sennen von der Alp zum Thema haben. Könnte ich Lieder machen, würde ich heute eines schreiben über den Abschied vom Botteghino – unserm kleinen Dorfladen.

Zwei Monate lang war ich nun Ladenhüter und habe diese Arbeit genossen, wie ein Fisch das klare Wasser.

Seltsam, mein Geschäft in der Stadt, das schöne, elegante, habe ich liquidiert, für immer aufgegeben, mit viel weniger wehmütigen Gefühlen, als ich die Türen dieses Geschäfts für ein paar Monate schließe. Ettore, Emilia, Rosilda heute morgen mitzuteilen, daß sie ihr Brot nun wieder beim durchfahrenden Bäcker holen müssen, das tat mir aufrichtig leid. Bis nächstes Frühjahr fallen nun die morgendlichen Gespräche weg über das Wetter, die diversen Gebresten der einzelnen, ob die Hühner fleißig legen. Romanos riesengroße Rechnung für den gelieferten Käse habe ich bezahlt, ebenso diejenige Stefanos für beinahe zweihundert Kilogramm Honig.

Nun planen wir, was wir nächstes Jahr noch besser machen könnten. Ettore hat da konkrete Vorschläge in bezug auf hölzerne Heurechen und eine neue Art Spinnräder. Wir schauen vorwärts. Das lindert auch meine Wehmut. Besser, sich auf nächstes Jahr freuen als dem vergangenen nachzutrauern.

Weshalb wir den «Botteghino» wintershalber schließen müssen? Es ist zu kalt dort. Um hell genug zu haben, muß man die Türe offen lassen. Heizmöglichkeiten gibt es keine. Man muß ganz schön abgehärtet sein, um jetzt noch einen Arbeitstag ohne Erkältung hinter sich zu bringen. Ganz eingemottet haben wir es aber trotzdem nicht. Wenn doch noch Wanderer kommen, die etwas von uns möchten, dann können sie uns anrufen. Ein entsprechender Anschlag, Susis Idee, enthält die Telefonnummer und auch einen Hinweis, wo die nächste Telefonkabine zu finden ist. Ich zweifle zwar sehr, ob jemand sich die Mühe des Anrufes überhaupt machen will – ob überhaupt noch jemand Fremder im Tal ist, wo es doch seit Tagen regnet.

Wieder einmal, wie schon so oft, habe ich mich selbst in den Arm gekniffen, daran gedacht, wie dankbar ich bin, daß ich hierbleiben darf, auch wenn fast alle andern wegmüssen. Ich weiß auch, daß es solche gibt, die froh sind, uns zu verlassen.

Im wilden, rauhen Tal bleiben, wenn ein harter Winter wartet, das tut nur einer, der das muß. So sind die Ansichten verschieden.

Ich könnte ... oh, Entschuldigung, gerade hat jemand angefragt, ob wir noch Strickwolle und Tomatenkonfitüre zu verkaufen hätten. Für ein signiertes Buch wären sie auch dankbar.

Es *gibt* also noch Leute, und unser eingemottetes Lädeli schläft nur scheinbar.

Und die Fortsetzung zu diesen herbstlichen Notizen:

Unser Lädeli hat keinen Staub angesetzt und hätte auch nicht eingemottet werden müssen. Vor Weihnachten brauchten etliche Frauen Strickwolle und Holzknöpfe, im Januar stellten wir unser Inventar zusammen, im Februar begannen wir mit dem Einräumen der neuen Ware, im März gab es wiederum Anrufer oder Besucher im großen Stall, die von unserer Wolle kaufen wollten. Es hat niemand gestört, wenn wir mit Mist an den Stiefeln schnell zwischendurch Ladenfräulein spielten. Ende April ist unsere Schafpflegearbeit vorbei und somit Zeit vorhanden, sich dem Botteghino wiederum vermehrt zu widmen.

\*

Die Wintermonate, die Margrith so schwer auf der Seele lagen, sie sind verflogen – eigentlich wissen wir schon nicht mehr, wo sie geblieben sind. Die pessimistischen Wetterprognosen haben sich nicht bewahrheitet – und jetzt liegt wieder der zarte grüne Schleier über Wiesen und Wäldern. Eigentlich möchte ich den schnellen Lauf der Tage bremsen – oder ein paar Tagesstunden mehr einbauen. Oder ein paar Nachtstunden. Denn abgesehen von ganz wenigen Malen, wo wir spät nach Hause kommen, kennen wir die Nächte noch nicht. Schon seit Jahren wünsche ich mir, eine Frühlings- oder Sommernacht im Freien zu verbringen – und tue es dann doch nicht. Ich weiß, daß es im Juli eine Zeit gibt, wo tausend Glühwürmchen tanzen, und nehme mir jetzt, gerade jetzt vor, eine solche Nacht auf der Schafweide zu verbringen. Vielleicht tanzen die Glühwürmchen auch am sechsundzwanzigsten Juli – am Namenstag der Heiligen von Froda.

Ja, die von Froda sind stolz darauf, eine Heilige zu haben. Keine noch lebende natürlich. Denn die von Froda sind keinen Deut bräver, aber auch nicht schlimmer als die Bewohner irgendeines andern Dorfes. Unsere Heilige, unsere Schutzpatronin, ist die Heilige Anna. Sie wird auf eine reizende, bäuerlich religiös-familiäre Art verehrt – und ihr Namenstag, eben der sechsundzwanzigste Juli, ist hier großer Feiertag. Niemand erntet Heu. Luigis Mauerhammer bleibt in der Werkzeugkiste. Luigi hat heute anderes zu tun: er spielt mit seinen von der schweren Arbeit klobig gewordenen Fingern die Orgel. Bitte: er spielt sie sehr schön – und er singt dazu. Susi kommt nur mit zur Kirche, wenn sie weiß, daß Luigi musiziert. Eigentlich ist es schade, daß solche Musikgenüsse nicht einem viel größeren Publikum zugute kommen. Luigi spielt und singt ganz einfache Kirchenlieder. Zum Teil kennen wir sie auch mit deutschem Text. Er singt, so scheint uns, weil es ihm Freude macht. Dazu kommt, daß unsere Kirche eine wundervolle Akustik hat. Luigi und seine Orgel ersetzen einen ganzen Chor mit einem großen Orchester. Leise fällt hier und dort eine weitere Stimme ein. Ob die Worte deutsch oder italienisch gesungen werden – was macht das schon. Unsere Gemeinde ist in der Musik vereint.

Nachmittags versammeln wir uns alle erneut bei der Kirche, um an einer kleinen Prozession teilzunehmen. Die Statue der Heiligen Anna wird getragen von vier jungen Leuten. Vorne Monica und Francesca. Sie haben auf dem Kopfsteinpflaster etwas Mühe mit ihren dicksohligen modernen Schuhen. Hintendran Luigi und Angelo. Es stört keinen Menschen, daß Angelo einen Pullover mit der Aufschrift «Università di Froda» trägt, und daß inmitten dieser Aufschrift ein Schäflein prangt. Der Herr Pfarrer im gestickten Ornat, die jungen Leute in Jeans. Susi, Fränzi, Margrith und ich im blauen Bauernkittel, die alten Frauen mit feierlich schwarzem Spitzenschleier über dem Kopf – ein buntes Bild. Die Prozession zieht durch den Wald, bis zu einem Kapellchen, gemessenen Schrittes rund um einen Platz und wieder zurück zur Kirche. Während der ganzen Prozession bimmelt Marino im Glockenturm seine Lieder. Der Ton der tiefsten Glocke ist nicht mehr so tragend. Irgend jemand hat ein Schräubchen beschädigt. Nun hat Marino Schwierigkeiten, die Glocke richtig an die Tasten des Glockenspieles zu hängen und ist deswegen entsprechend betrübt.

Nach der Prozession folgt das, worauf wir uns von einem Jahr zum anderen freuen: «l'incanto», die Versteigerung zugunsten der Kirchenkasse. Jeder hat für die Versteigerung irgend etwas gestiftet, wenn möglich etwas selbst Hergestelltes. Zum Beispiel einen zwei Kilogramm schweren Laib Sauerteigbrot – im Holzofen gebacken. Oder ein Kilogramm Butter – im hölzernen Butterfaß gedreht, geformt und mit dem Model geprägt. Einen Liter Grappa – und in der Flasche drin ein winziges Leiterchen, an dessen einer Sprosse ein noch winzigeres Körbchen hängt. An der Seite des Leiterchens steht: «Sant' Anna 1979». Oder eine «Torta da pang» – eine Brottorte. Oder ein gehäkeltes Deckchen. Oder ein Fiasco Nostrano. Ich habe letztes Jahr stolz den ersten Laib Schafkäse gestiftet, «pecorino nostrano». Das gab's in Froda bisher nicht.

Luigi steigt aufs Kirchenmäuerchen, auf dem ringsum die Zuschauer sitzen. Gualtiero hat sich mit einem Protokollbüchlein am Fuße des steinernen Kruzifixes niedergelassen und notiert Spender, Käufer und den erzielten Verkaufspreis. Luigi führt die Versteigerung auf derart witzige, fidele Art durch und versteht es, die einzelnen Angebote so schmackhaft zu präsentieren, die Bietenden gegeneinander auszuspielen, daß die Verkaufspreise schwindelnde Höhen erzielen. Fränzis Berner Butterzopf ging zum Beispiel für dreiundvierzig Franken weg. Grappa mit Leiterchen liegt zwischen fünfzig und sechzig Franken. Für meinen einpfündigen Käse boten sie schließlich sechzehn Franken, für Nostrano um die zwanzig Franken. Dabei sieht man dem einen oder andern, der bei Gualtiero den Geldbeutel zückt, an, daß er hier sauer verdientes Geld hergibt – aber es ist zugunsten der Kirche und als Geschenk für die Heilige Anna. Für ein paar Tage haben wir unser Dorfgespräch.

Dieses Jahr aber dreht sich das Dorfgespräch nicht um ein versteigertes Gut – sondern um ein versteigertes Lied. Am Schluß des Incanto bat mich eine liebe Freundin, die Luigi vorher singen gehört hatte, ihm zwanzig Franken zugunsten der Kirchenkasse für einen weiteren Musikgenuß anzubieten.

«Wir bieten fünfundzwanzig», rief jemand anderes. Das Angebot ging hoch und höher. Bei quarantatri e mezz – dreiundvierzig einhalb – wurde zugeschlagen. Alle auf dem Kirchplatz Versammelten begaben sich nochmals in die Kirche. Luigi hob die über die Orgel gebreitete Decke feierlich wiederum ab, spielte zuerst ein Bach-Präludium, sang «Agnello di Dio» – Lamm Gottes – und dann noch ein Lied und noch ein Lied. Wir sangen mit – und gingen schließlich mit einem leisen Bedauern heim. Wir wären noch lange in der Kirche geblieben.

So schön ist es, wenn Froda seine Heilige Anna feiert.

*

«Wir leben in einem steinreichen Land.»

Rina hat diesen Satz zu mir gesagt. Sie spricht ausgezeichnet Deutsch – beinahe ohne Akzent – und lehrt mich hie und da, wie Anderssprachige die deutsche Sprache auffassen. Noch gar nie ist mir der Doppel- (oder Wider-)Sinn des Ausdrucks «steinreich» aufgefallen. Nie habe ich mir überlegt, daß ein Ort, reich an Steinen, kaum ein Ort reich an Geld sein kann. Reich an Steinen sind wir: an hellgrauen, dunkelgrauen, mit Flechten grünlich-verzierten, roten, weiß geäderten Steinen. Die schönsten Steine liegen im Bett des grünen Flusses. Etwas oberhalb des Brückenpfeilers aber lag der allerschönste Stein: er mußte ein paar Tonnen schwer sein. Seine Oberfläche war sanft gerundet, abgeschliffen vom Kies und Sand, die das Wasser über ihn spülte. Er war von einem hellen, sanften Grau, durchzogen mit wellenförmigen weißen und geraden dunklen Streifen. Man hätte ihn auch auf einen Sockel setzen und ihn als Monument moderner Kunst bewundern können, denn alles an ihm war vollendet.

Der Stein ist ein Stein mit Geschichte. Mit einer rührenden Geschichte, zu der eine rührende Person gehört: Fräulein A.G. Fräulein G. ist Doktor der Philosophie. Sie hat zwei Bücher geschrieben. In italienischer Sprache. Beide haben das Leben unseres Tals, wie es einst war, zum Thema. Beide sind das, was man im allervornehmsten Sinne «Literatur» nennen kann. Wie schade diesmal, daß wir ein vielsprachiges Volk sind. In ihren Büchern zu lesen, ist wie ins klare Wasser ihres grünen Flusses zu schauen, ist wie an einer herbduftenden Alpenrose zu riechen oder eine Katze zu streicheln. Man könnte die Werke übersetzen. Ich hoffe, man wird sie übersetzen – aber ein Teil der Klarheit, ein Teil des Parfums wird verloren gehen, wenn die italienische Sprache durch eine andere ersetzt wird.

Im Kapitel «Le cose che non ho più trovato» – die Dinge, die ich nicht mehr gefunden habe – zählt sie unter anderem auf: «...lo splendido masso giù al fiume, scultura fatta delle forze primigenie, il masso che salutavo sempre passando e che gli operai hanno spaccato e buttato sotto altri pietroni.» Ich versuche zu übersetzen:

«Den wunderschönen Felsblock unten im Fluß, modelliert von vorzeitlichen Kräften, den Stein, den ich beim Vorbeigehen grüßte – und den die Arbeiter zerbrachen und unter andere Steine warfen.»

Vor ein paar Jahren traf ich Fräulein Doktor G. eines Tages, wie sie von der Brücke aus jenen Stein fotografierte.

«Wie schön», sagte ich, «Sie fotografieren meinen Stein.»

«Nein», sagte das Fräulein Doktor, «ich fotografiere *meinen* Stein.»

«Ich grüße ihn jedesmal, wenn ich über die Brücke gehe», erklärte ich ihr entschuldigend.

«Das tue auch ich», lachte sie. «Ich glaube, wir beschließen einfach, es sei *unser* Stein.»

Allein schon das Wissen um unseren gemeinsam bewunderten Stein machte uns zu Freundinnen. Fräulein Doktor G. war während vieler Jahre als

Italienischlehrerin an einem Gymnasium in der deutschen Schweiz. Nun ist sie pensioniert. Während des Sommers findet man sie überall dort in unserm Tal, wo es noch ruhig und schön ist.

Sie trägt stets ein sandfarbenes Baumwollhütchen, das in der Form einem Tropenhelm ähnelt, und ein gerade geschnittenes, kleingeblumtes Kleid. Hie und da kommt sie mich besuchen, um sich nach Fritzli Goldschatz zu erkundigen. Fritzli hat ihr Herz so erobert wie meines. Nochmal etwas, was wir gemeinsam haben: *unsern* Fritzli.

Ich habe sie auch schon angetroffen auf einem Mäuerchen sitzend, durch den Wald gehend – und ich weiß, daß sie an vergangene Zeiten, an längst gestorbene Leute dachte.

Die neue Zeit, auch viele Leute, die heute ihr Tal bewohnen, die mag sie nicht. Die neue Zeit hat ihr eben auch jenen Stein weggenommen. Die Hängebrücke mußte einer Betonbrücke weichen. Ein neuer Brückenpfeiler wurde gebaut. Baumaschinen wühlten im Flußbett. Für einige Zeit wurde der Lauf des Wassers umgeleitet. Eines schönen Tages war der Stein – unser Stein – weg. Einige behaupteten, sie hätten gesehen, daß man ihn auf einen Lastwagen verladen und wegtransportiert habe. Andere wiederum sagten, er sei bloß zugedeckt worden. Fräulein G. ließ sich nicht beirren. Sie schrieb an den Gemeindepräsidenten, an den für den Brückenbau zuständigen Ingenieur, sie beschwor die Bauarbeiter, nachzugraben, um zu sehen, ob der Stein noch da sei. Einer, der die Schönheiten eines Steines nicht sehen konnte, einer, der die poetische Seele eines alten Fräuleins nicht verstehen wollte, der hatte für ihren Kummer bloß ein Achselzucken übrig.

«Wegen eines Steines solch ein Getue! Es gibt doch noch Millionen andere.»

Ich begriff sie. Ich litt mit ihr – um «unseren» Stein.

Im August werden es zwei Jahre her sein, daß sintflutartige Regenfälle im ganzen Tessin Hochwasser verursachten. Kaum hatte sich das Wetter gebessert, waren die von allen Bergen stürzenden Wildwasser versiegt, war Fräulein G. bei uns. Ich traf sie auf der Brücke. Mit verklärtem Gesicht. In der Hand hielt sie das Foto des Steines. Sie hielt es mir entgegen, sagte bloß zwei Worte:

«E lui!» – Er ist's!

Er ist es. Ein Stück ist abgebrochen, aber ich denke, dies ist Schuld des Hochwassers. Die Bauarbeiter können da gewiß nichts dafür. Mir kommt der Stein nun vor wie ein lieber Freund, den ich ein paar Jahre lang nicht gesehen habe. Ein paar Runzeln mehr im Gesicht, grau und schütter gewordenes Haar – aber lieber Freund ist er geblieben. Hauptsache: er ist wieder da!

Nun können wir beide ihn wiederum grüßen, wenn wir über die Brücke gehen. Manchmal frage ich mich, ob es schon früher Menschen gab, die diesen Stein grüßten. Eigentlich bin ich dessen sicher. Manchmal frage ich mich auch, ob es in naher und ferner Zukunft auch so sein wird. Ich hoffe es – nicht wegen des Steines. Aber wegen des Glücksgefühls, das einen durchströmt, wenn man dem Stein, ihrem Stein, meinem Stein, unserem Stein – vielleicht auch euerem – beim Gang über die Brücke einen Gruß schickt.

*

Käme irgend jemand zum Beispiel heute als unsichtbarer Besucher zu uns, würde die Art, wie wir arbeiten müssen, unsere momentanen äußeren Umstände sehen, er käme sich vor wie in einem Irrenhaus. (Irrenhäuschen wäre wohl korrekter, aber das gibt es ja nicht.) Noch besser gesagt, ein Irrenhäuschen, wo auch das Personal irre geworden zu sein scheint.

Ich versuche, den heutigen Tag, es ist der zweite Mai neunzehnhundertachtzig, möglichst genau zu protokollieren:

05.15 Uhr: Die Sekretärin eines Bündner Bäuerinnenvereins ruft an, ob das Wetter bei uns schön sei. Sie haben seit langem einen Besuch bei mir vor. Das Wetter ist so-so-la-la. Beschluß: sie kommen trotzdem.

06.00 Uhr: Rosy rumort im Gang. Aufstehen. Waschen am Brunnen vor dem Haus. Hochtragen einer Gießkanne voller Wasser zum Zwecke der Klo-Spülung. Silvia steht bereits am Gartentisch, bereitet die diversen Tränkfläschchen vor:

2 × 4 dl Schafmilch, eines davon mit Tannalbin, für die beiden kleinsten Lämmer.

2 × 5 dl Pulvermilch für die Zicklein. Dasjenige von Margrith bekommt noch eine Hustentablette.

2 × 2 dl Pulvermilch für die größeren Milchschaflämmer.

3 × 4 dl Pulvermilch für die kleineren.

Für einen Morgenkaffee reicht das warme Wasser nicht, das wir gestern abend in Thermos-Kannen von Lorascio mitgebracht haben.

*Schlußfolgerung des unsichtbaren Beobachters: in diesem Haus gibt es kein Wasser mehr. Weder warmes noch kaltes.*

Es beginnt zu regnen. Susi und Margrith kommen. Die beiden schlafen im von uns gemieteten Haus in Lorascio, einem Weilerchen, fünf Minuten zu Fuß von hier. Sie bringen einen Kübel voll warmes Wasser mit. Silvia stellt die Schafmilchflaschen ins Wasserbad. Wir verzichten endgültig auf den Morgenkaffee. Es ist wichtiger, daß die Lämmchen ihre Frühstücksmilch richtig temperiert erhalten. Es regnet nicht mehr. Es gießt.

Wir sind arme, pudelnasse Schweine, haben im

Werkzeugschuppen eine Auslegeordnung sämtlichen Inhalts unserer Küchenschränke, vom Abwaschmittel bis zur Zuckerdose, von der Zitronenpresse über die Salatschüssel bis zur Auflaufform.

*Unser unsichtbarer Beobachter zieht sich unter einen Dachvorsprung zurück. Auch er ist naß geworden. Ferner stellt er fest, daß in unserer Küche nur noch ein Haufen abgeschlagener Mauerstücke liegt. Im Hof ist ein Sandhaufen, sind sorgfältig aufgereihte Backsteine, ein mit alten Säcken bedeckter Kühlschrank. Seine Schlußfolgerung: hier gibt es eine neue Küche.*

07.00 Uhr: Die vier Mädchen marschieren mit den elf Trinkfläschchen weg. Meine Schreibmaschine beginnt zu klappern.

07.03 Uhr: Die Bauarbeiter kommen, bitten mich, den elektrischen Strom auszuschalten.

07.05 Uhr: Die Maschine klappert.

07.10 Uhr: Ich schreibe von Hand weiter. Ohne Ofen ist Schreiben mit der Maschine unmöglich. Die kalten Hände machen zuviele Tippfehler.

07.15 Uhr: Auf dem Bauplan für die neue Küche ist etwas unklar. Die Arbeiter bitten um Hilfe. Telefon an meinen Bruder Luzi. Stilles Dankgebet, daß ich einen solchen Bruder habe. Die Unklarheit wird berichtigt. Weiterschreiben.

07.54 Uhr: Margriths Fürsorgerin ruft an. Ist

glücklich über meinen guten Bericht – besonders über die Butterzopf-Geschichte. Weiterschreiben.

08.02 Uhr: Schnurrli miaut am Fenster. Aufstehen. Seufzen. Wenn ich für jedes Öffnen des Fensters für eine Katze bloß fünf Rappen bekäme, ich glaube, ich wäre bereits steinreich! Schnurrli bringt mir eine Maus. Er legt sie aufs Manuskript.

08.12 Uhr: Strom darf wieder eingeschaltet werden. Ofen wärmt.

08.25 Uhr: Fortsetzung mit der Schreibmaschine.

08.40 Uhr: Verlag ruft an. Titel des neuen Buches festgelegt: «Großer Stall – kleines Haus». Niemand kann sich vorstellen, wie mühsam es ist, Buchtitel zu erfinden. Außer für mein drittes Buch – «Mit herzlichen Tessiner Grüßen» – fanden meine eigenen Titelvorschläge nie Gefallen. Diesmal hatte ich beim Erhirnen geistige Hilfe und Inspiration: Hanne! Hanne ist Werbefrau (bald sagen wir *war* Werbefrau), hat ein ungeheures Talent für Sprach-Spiele – und zum Blödeln. Margrith beklagt sich bereits, daß wir ihr mit unserer ununterbrochenen Titelforschung allmählich «auf den Wecker» gehen. Hanne und ich fertigten eine Titelvorschlagsliste an. Da gab es auch Ideen wie:
– Wir sind froh da, hier in Froda
– Wie Du mir, so ich Tier
– Hilfe! Hier ist alles los!

- Froda wie es leibt und bebt
- Sonnig, heiter und so weiter. Neues aus Froda
- Fünfzig und noch immer nicht heiser
- Hilfe, hier geht alles auf!
- Auf jeden Fall viel Glück im Stall
- So ein Mist! Neues vom tierischen Ernst und Unernst in Froda
- Im Stall und Haus flippt alles aus
- Hier gibt's nicht zu meckern. Die neuesten Zikken aus Froda
- Wir nehmen es, wie es kommt. Von neuen Nachkommen und Vorkommen in Froda
- Im Dutzend Pilger
- Je länger desto froh da
- Von Hirten und Wirten in Froda

*Der unsichtbare Beobachter wird neugierig. Wieso ist Hanne nicht mehr lange Werbefrau? Überhaupt: wer ist sie? Und wieso «von Hirten und Wirten»???*

Fragen über Fragen, die im Laufe dieses Protokolls genauer beantwortet werden müssen.

08.50 Uhr: Susi pfeift bei der Brücke. Sie kann das wie ein richtiger Junge. Ihr Pfiff ist Signal für mich, mein Manuskript unter die Schreibmaschine zu klemmen. Lasse ich die Blätter offen liegen, so zerreißt sie Fritzli. Die Mädchen sind mit ihrer Schafmelk-Arbeit fertig. Wir gehen alle miteinander zum Frühstück nach Lorascio.

*Der unsichtbare Beobachter kommt mit.*
Wir schlendern über den Fußballplatz beim Fluß, zweigen beim Brunnen ab. Dort habe ich das Titelfoto für mein viertes Buch gemacht. Hintereinander gehen wir durch eine schmale Gasse, an einem Brotbackofen vorbei. Der Kamin des letzten Hauses raucht. Hanne hat ein Feuer entfacht. Der Kaffee dampft auf dem Tisch. Wir wärmen uns die kalten Hände an den Tassen.

*Der unsichtbare Beobachter möchte das auch tun, kann aber nicht, weil er ja unsichtbar ist.*

«Welch ein Glück, daß wir dieses Haus haben mieten können. Unvorstellbar, wie eklig das Leben ohne warmes und kaltes Wasser, ohne Kochgelegenheit ist.»

Margrith kennt den Anfang meines Tessiner Lebens noch nicht. Sonst wüßte sie, daß ich viele Monate lang an einem Ort gewohnt habe, wo es auch vor dem Haus keinen Brunnen gab, wo man jeden Wassertropfen von weit her tragen mußte. Deshalb fällt mir auch heute die Umstellung leichter als den Mädchen. Ganz, ganz primitiv leben lernen – und es dann können – ist eine gar nicht hoch genug zu bewertende Lebenserfahrung.

09.45 Uhr: Rückkehr an die Arbeit. Ich setze mich in meinem «stillen» Schreibstübchen wieder an den Tisch. Susi und Margrith führen die Milchschafe auf die Weide. Rosy und Silvia bringen den beiden Lämmchen ihre nächste Trinkportion. Denn gehen die zwei in den «Botteghino», um für den Besuch der Bündner Frauen alles schön herzurichten. Susi und Margrith werden die Fische füttern, müssen zwanzig Forellen in Rinas Restaurant bringen, dort ein paar Einkäufe tätigen. Hanne wird kochen. Ich werde bis um halb elf Uhr weiterschreiben, dann im großen Stall – dort gibt es auch warmes Wasser – die Haare waschen und um elf Uhr zum Empfang der Bündnerinnen bereit sein. Alles ganz wundervoll geplant und durchorganisiert. Es geht nichts über Organisation. Besonders, wenn man so dezentralisiert arbeitet und wohnt.

09.55 Uhr bis 11.00 Uhr: Es tut mir leid. Ich hab' es nicht geschafft, alle Telefonanrufe zu registrieren. Hannes Titelvorschlag: «Hilfe, hier ist alles los!» hätte – zumindest was den heutigen Tag betrifft – alle Berechtigung.

11.05 Uhr: Die Bündnerinnen treffen ein. Dreiundfünfzig an der Zahl. Ich empfange sie mit ungewaschenem Haar. Es scheint ihnen nichts auszumachen. Sie schauen sich im Botteghino um.

Interessiert sich jemand für Susis Forellen? Sie sind jetzt gegen hundertfünfzig Gramm schwer und kosten zwei Franken pro Stück. Wir zählen die Bestellungen: neunzig Fische muß Susi bereithalten bis um halb zwei Uhr. Armes Susi, ich glaube, auf dein Mittagessen kannst du verzichten. Margrith auch. Rosy bleibt im Laden, Silvia wird um ein Uhr die beiden Lämmchen und die beiden Zicklein tränken. Die Milchschaflämmer sind bei ihren Müttern auf der Weide, brauchen also nichts. Ja, und das Schweinchen muß natürlich auch sein Futter bekommen.

Da habe ich mir doch geschworen, nie ein Schwein zu halten. (Wer hat gesagt, man solle nie nie sagen?) Dann kam vor etwa zehn Tagen Silvia – und brachte mir das Ferkelchen. Wenigstens wissen wir jetzt, wohin wir mit den Abfällen aus dem Restaurant hingehen. Wie und ob und wann es dann geschlachtet wird – darüber reden und schreiben wir jetzt nicht!

*Der unsichtbare Beobachter kratzt sich am unsichtbaren Kopf. Die Dinge werden immer komplizierter. Vorerst begleitet er Silvia.*

Die Arme. Sie ist bei mir, weil sie den Umgang mit Milchschafen lernen möchte. Und nun muß sie allein den vier Tieren Fläschchen geben. Wer da meint, das sei einfach, soll es selbst probieren – oder sich bei Silvia erkundigen. Ich habe bloß hinterher erfahren, daß eine Flasche kaputt gegangen sei, wir einen Sauger nicht mehr finden und das Schweinchen mit den Alpschafen, die beim Stall weideten, davon gelaufen ist.

*Der unsichtbare Beobachter verläßt Silvia, folgt*

*dem langen Zug der Bündner Frauen, die an den Milchschafen vorbei, an Lorascio vorbei, flußaufwärts nach Cortino spazieren.*

Hanne steht mit einem Picknicksack für mich bereit. Die Esel kommen mit und versuchen abwechslungsweise, Taschen, Fotoapparate, Regenmäntel und Schirme anzuknabbern. Gut, daß es Frauen vom Lande sind. Die Esel ängstigen sie nicht, auch nicht der steinige Weg, der sich dem Fluß entlang über magere Wiesen und durchs lichte Birkenwäldchen schlängelt. Schön ist es. Die ersten Blattspitzen sind sichtbar. Die Bündnerinnen kommen aus dem tiefen Schnee und genießen das Grün – auch wenn es wiederum zu regnen begonnen hat.

Wer Cortino sieht, ist davon entzückt. Zwei große Wohnhäuser, etliche Ställe, ein Backofen, Mauern, Mäuerchen, davor eine große, flache Wiese, links der Fluß mit baumbestandenem Ufer, rechts der Wald, der sich am Abhang hochzieht. Alle Häuser mit Steinplatten bedeckt, nirgends ein Blechdach, nirgends irgend etwas, was nicht in die Landschaft passen würde.

Der Wanderer, der hier vorbeigeht, träumt den Haus-auf-dem-Lande-Traum. Wir dürfen während des Sommers die Wiesen heuen oder als Weide benützen. Wir bringen mit den Eseln Mist. Wir streuten im zeitigen Frühjahr eine ganze

Tonne Kalk auf den Schnee. Der Boden ist immer noch sauer. Während Jahrzehnten wurde er nicht gedüngt. Seit Jahrzehnten stehen die Häuser leer. Ein Bergrutsch hat den hinteren Teil des Weilers verschüttet. Nachher wollte niemand mehr hier wohnen.

All dies erzähle ich den Bündner Frauen, währenddem sie, unter Schirme gekauert und in Regenmäntel gehüllt, ihr Picknickbrot essen. Ich erzähle ihnen auch, daß Marco das Land ab nächstem Herbst pachten darf. Er hat dann seine Lehre als Landwirt beendet und hat vor, hier biologisch angebautes Gemüse zu produzieren. Marco hat während seiner Lehre so fleißig gespart, daß er sich einen kleinen, aber robusten Traktor kaufen kann. Mit diesem wird er allen Schafmist vom großen Stall auf seine Felder bringen. Ein bißchen schmerzt mich der Gedanke, daß nun ein benzingetriebener Motor auf unserer Flußseite die Luft verpestet. Wir sehen aber keine andere Möglichkeit, den Mist von hundertzwanzig Schafen und ihren Lämmern einen guten Kilometer weit zu transportieren. Die Bündner Bauernfrauen lächeln über meine Bedenken, erzählen mir, mit welchen Maschinen sie bis hoch auf die Alpen fahren. Sie finden es schön, zu sehen, daß ein junger Bauer den Mut hat, hier eine Existenz aufzubauen. Dafür nehme ich auch den Benzingestank in Kauf.

*Der unsichtbare Beobachter ist froh, daß wir schließlich aufbrechen. In Susis Fischzucht erwartet uns ein heißer Kaffee.*

13.10 Uhr: Wir wandern Rasco zu, überqueren die Autobrücke. Der Fußweg geht, immer dem grünen Wasser entlang, durch den Wald. Es tropft von den Blättern. Von weitem sehen wir das kleine Häuschen der Fischzucht, die mit hohem Drahtgitter eingefaßt ist, damit niemand auf die Idee kommt, über den Zaun – diesmal zu angeln.

Was der unsichtbare Beobachter – und die Bündner Frauen – nun sehen, tut einem leid: Susi und Margrith sitzen am Bächlein. Vor lauter Eifer haben sie vergessen, einen Regenschutz mitzunehmen. Ihre Haare sind naß, ihre Kleider sind naß, ihre Hände sind naß und blau von Kälte. Aber unentwegt werden Fische ausgenommen. Margriths Hände sind so steif, daß sie «diesen Schlauch» (damit meint sie die Speiseröhre) nicht mehr herausbringt. Die beiden sind trotz der Feuchtigkeit und der Kälte höchst vergnügt.

Ich bin weniger vergnügt. Das heiße Wasser haben sie wohl mitgebracht, Kaffeepulver, Milch und Zucker jedoch im Auto vergessen. Irgendwie haben wir es dann doch geschafft, unsere Besucherinnen ein bißchen aufzuwärmen. Dankeschön für das Verständnis.

14.30 Uhr: Ich verabschiede mich von den

Bündnerinnen. Sie besteigen die Autocars, nehmen viele Grüße mit ins Bündnerland und fahren winkend davon. Sie werden nochmals zurückkehren in den Botteghino, sie werden auch die Milchschafe, den Hühnerhof, die Kaninchen, Truten und Enten besichtigen gehen. Das Haus zu besuchen, bitte ich zu unterlassen, weil alles, der Hof, die Treppe, das Wohnzimmer nur mehr ein einziger Bauplatz ist. Auch kleine Bauplätze bedingen Unordnung und Schmutz. Ich möchte mich lieber nicht schämen müssen.

15.00 Uhr: Hanne und ich fahren zu einem Rendez-vous. Einem äußerst wichtigen.

*Der unsichtbare Beobachter darf mitkommen. Ein paar Rätsel werden dann gelöst:*

15.25 Uhr: Der Vertrag ist unterzeichnet. Hanne wird Wirtin. Sie übernimmt das «Albergo Froda». Ende ihres Werbebüros. Ende ihres Stadtlebens. Sie beginnt ein neues Leben – nicht auf so extreme Art, wie ich dies vor bald zehn Jahren tat, aber immerhin.

*Anmerkung des unsichtbaren Beobachters, zwecks genauerer Information des Lesers: Hanne ist gegen vierzig, ein menschliches Gegenstück zum Tintin-Rugeli. Alles an ihr ist rundlich: die Figur, die Kopfform, der Mund, das Kinn, die vergnügten blauen Kulleraugen. Hanne ist Hobbyköchin, sie ist kaufmännisch gebildet, sie weiß einen guten Tropfen zu schätzen, sie ist eine fidele Nudel, kurz: die geborene Wirtin.*

Eigentlich hat Hanne damit gerechnet, bis zu ihrem fünfzigsten Altersjahr ihr eigenes Werbebüro weiterzuführen. Nun ist es anders gekommen. Sie hat ihren gesamten Hausrat versteigert und ihren Freunden den nachstehenden Brief geschickt.

*Der unsichtbare Beobachter liest mit:*
«Zürich, im April 1980
Ciao, cari amici

Zugegeben, es kommt alles ein bißchen plötzlich. Aber es kommt, wie es kommen mußte:

Seit Jahren träume ich davon, mir später einmal einen großen Wunsch zu erfüllen: ein kleines Grotto im Tessin...

Jetzt findet später eben ein bißchen früher statt. Und es ist auch kein Grotto, sondern ein Ristorante. Wo man Ferien machen kann. (Bitte sehr, die Zimmer sind zentralgeheizt, mit Dusche und WC!) Und wo es ganz einfach ganz einfache Tessiner Küche geben wird.

Das Ganze ist zur Zeit noch im Umbau. Und soll auf Mitte Juni fertig werden. Scheint's!

Abwarten. Und vor allem: Daumen drücken – für meinen Sprung ins eiskalte Wasser des Acquaverde-Flusses. Frisch getaucht ist halb geschwommen!

Postkarte mit Adresse und Eröffnungsdatum folgt!

Ciao, a presto, herzlichst und in gamba

Hanne»

Am Dorfeingang findet man, von uralten Nadelbäumen flankiert, das «Ristorante Froda». Es stand seit ein paar Jahren leer. Nun wurde es umgebaut, mit einer gut eingerichteten Küche versehen. Der Pachtzins ist sehr anständig – aber trotzdem fand der Besitzer keinen Interessenten für den Betrieb. Alle fürchteten die lange, tote Saison, während der kein Mensch dazu zu bringen sei, in Froda Ferien zu verbringen. Schließlich fragte er also mich, ob ich nicht jemanden wüßte. Rina in Roviso, die ja selbst ein Restaurant und eine Pension hat, hat ihn an mich verwiesen.

So wie man ein Geldstück in den Automaten der Trambahn wirft und unten ein Billett hervorkommt, so warf Rina die Idee in mein Hirn – und heraus kam der Name «Hanne»!

Ich brauchte keine Überredungskunst. Bloß ganz kleine Andeutungen – dann kam Hanne von selbst auf den Gedanken, wie schön es wäre wenn ... Ihren Entschluß tat sie uns dar, indem sie uns eine wunderbar kitschige Postkarte sandte: ein Engel mit lockigem Haar, verbrämtem Samtgewand, hält – in die Zukunft oder sonst irgendwo hinweisend – die Hand hoch.

Also sprach der Engel:
Siehe hin, o Johanna –
hör auf Dein Gewissen:
Der Film ist gerissen,
der Weg Dir gewiesen
gen Süden, nach Froda.
Ziehe hin, o Johanna –
und sei Deinen Gästen
eine gute Wirtin.
Überlege nicht lange, o Hanne –
greif zur Risotto-Pfanne
solange sie noch heiß ist
und in Dir noch der nöt'ge Fleiß ist.
Geh hin, o Johanna,
und schmiede Dein eigenes Glück
(Du wärst ja sonst bigott ein dummes Stück!).
Verkauf Deinen Plunder,
ziehe einen dicken Strich drunder!
Schön ist's im Tessin –
Johanna, zieh hin!

Seltsam, welche Kreise und Schlingen das Leben zieht. Da bin ich doch einst aus der Stadt weggezogen, weil ich aus einem verlassenen Weiler ein Feriendorf machen wollte. Dann verschlug es mich nach Froda, dann verschrieb ich mich der Landwirtschaft – und jetzt schließlich kann ich etwas für Feriensuchende tun, habe ich zudem die Möglichkeit, Hanne zum Gelingen einer Existenz da zu verhelfen, wo sie am liebsten ist, wo sie das tun kann, was sie am liebsten tut: Gäste verwöhnen. Hanne muß die tote Saison nicht fürchten. Wir werden hier Spinnkurse veranstalten, später auch Wollefärbkurse. Vor dem Hotel liegt eine riesengroße, ebene Wiese. Dort kann man Ski-Langlauf machen. Wir planen Wanderwochen für Senioren, Kochwochen, Strickwochen, Stickwochen, den Ziegen- und Schaf-Geburtshelferkurs. (Ich wette zwar jetzt schon, daß die Ziegen sich dann den Tag nach Beendigung des Kurses zum Gebären auswählen!) Das Jahr hat gar nicht so viele Wochen, daß wir alle Ideen verwirklichen könnten.

Während der Sommerzeit, wenn die Landwirtschaft alle Hände braucht, wird das kleine Hotel von Ferienreisenden ohnehin besetzt sein.

Ja, und dann ist da auch noch der Plan mit dem Theäterchen, der sich hier verwirklichen ließe.

Immer und immer wieder erlebe ich es mit demselben Spaß: wie eine Idee geboren wird, wie man vorerst darüber lacht, weil «das nun wirklich *zu* verrückt wäre», wie man die Idee dann beiseitelegt, um sie einige Zeit später wiederum hervorzuholen, «weil sie sich eigentlich doch verwirklichen ließe», vorausgesetzt daß ...

Susi und Margrith fahren so alle paar Monate einmal nach Verscio ins Teatro Dimitri. Sie sind jung genug, um nach der Arbeit noch die lange Reise zu verkraften. Stets kommen sie begeistert zurück, sind voller Anregungen, versuchen selbst irgend etwas einzustudieren. Beide spielen Gitarre, beide haben schöne Stimmen, die sich sehr gut ergänzen. Susi hat ein Talent, den Clown zu spielen. Ich glaube, es gibt selten ein Haus, in dem so viel musiziert und gelacht wird, wie bei mir. Dazu ist allerdings zu bemerken, daß wir das eben können, ohne je irgend jemanden auch nur im geringsten zu stören.

Letztes Jahr nun lernte ich im Zusammenhang mit einer Radiosendung Beat, vierundzwanzig, dunkles Haar, dunkle Augen, dunkler Bart, intellektuelle Brille, kennen. Beim gemeinsamen Mittagessen in der Studio-Kantine ergaben sich so viele gemeinsame Interessen, Beat hatte so viele Fragen, daß ich ihn kurzerhand zu uns einlud. Seither ist auch er das, was Fränzi «ein Wurm in meiner Wurmbüchse» nennt – ein Dauergast. Beat hatte während seiner Gymnasiastenzeit ein eigenes Kleintheater, er arbeitet für verschiedene Zeitungen, er kennt, was Schauspieler und Sänger – pardon – Liedermacher anbetrifft, Gott und die Welt. Ich weiß nicht, war Beat, waren die Mädchen schuld, war da also die Idee, ob denn nicht hier – am Ende der Welt, wo nichts los ist – gerade hier der geeignete Ort für ein Kleintheater wäre.

«Nun seid ihr aber total plemplem – und den Größenwahn habt ihr gleich auch noch! Und überhaupt: wo – sagt mir – wo seht ihr den Keller, in dem ihr eure Theäterchen aufführen wollt – wo ist er geblieben?»

«Es muß nicht immer Keller sein», erwiderte Beat pathetisch. «Ein Stall täte es auch – ‹Teatro della stalla›, wie tönt das, hm?»

«Du bist ein Spinner. Das müßte ein Stall nahe an der Straße sein, ein großer zudem, und überhaupt, zu uns kommt doch niemand. Stell dir die lange Fahrt von Locarno vor.»

«Susi und Margrith fahren noch weiter, wenn sie ins Dimitri-Theater wollen. Und dann – ich habe schließlich den Ausweis als Taxifahrer. Ich werde jeweils einen kleinen Bus mieten und Chauffeur sein.»

Beat war hartnäckig. Seine Idee wurde aber trotzdem zu Grabe getragen. Es gab keinen Stall, der sich für sein Vorhaben eignete.

Und dann besichtigten Hanne und ich also das Ristorante Froda. Wir besichtigten auch den Keller. Besser gesagt, die Keller. Es gibt einen für Wein, einen andern für Käse. Es gibt zwei weitere gewölbte Kellerräume, die bloß durch eine Trennwand unterteilt sind. Man könnte die Wand entfernen – dann hätte Beat sein perfektes Kellertheater. Es muß nicht immer Stall sein. Den Namen «teatro della stalla», den müßte man allerdings trotzdem beibehalten. Er ist so schön bescheiden-großartig.

Ganz ehrfürchtig werde ich, wenn ich nun höre, wer alles bereit ist, bei uns aufzutreten. Bei uns. Theater am Ende der Welt. Verrückt? Wagen tun wir es. Wie schrieb Hanne? «Frisch gewagt ist halb geschwommen.»

Mal sehen, was da wiederum auf uns zukommt.

*Der unsichtbare Beobachter überlegt sich, wieviele Stühle sich im Keller aufstellen ließen. Es juckt ihn, sichtbar zu werden, Hammer und Meißel zur Hand zu nehmen und mitzuhelfen am Bau des verrückten Theäterchens. Er möchte gerne schnell einen Blick in die Zukunft tun. Froda in vier, fünf Jahren. Wie wird es sein? Oder auch bloß Froda nächstes Jahr, Froda anno neunzehnhunderteinundachtzig.*

So stelle ich es mir vor:

Marco wird sein biologisch gezogenes Gemüse liefern, sich noch einen Extrabatzen verdienen, indem er die Bocciabahn unterhält. Die Forellen werden aus Susis Fischzucht geliefert. Schafjoghurt, Schafmilch (ja, Schafmilch-Wochen könnte man auch machen), Schafkäse liefern wir, Corrado bringt seinen Ziegenkäse. Von Elio werden wir die Formaggini (Frischkäse aus Ziegenmilch) beziehen.

So beginnen also stillgestandene Rädchen sich wieder zu drehen, sie greifen ineinander, bringen – das ist das allerwichtigste – Leben hierher. Nicht bloß in den Sommerwochen, während des ganzen Jahres und, hoffentlich, immer. So, wie es früher immer Leben gab, das dann langsam zur schwachen Glut wurde, zu verglimmen drohte.

Das neue Räderwerk scheint so geschmiert laufen zu wollen, daß es mir unheimlich wird. Wenn das alles gelingt, werden die Götter (und nicht nur die Götter!) neidisch sein. Lieber hätte ich, es ginge nicht alles so glatt.

Um ein Hotel und ein Restaurant führen zu können, braucht es einen Verwalter, der die Wirteprüfung abgelegt hat. Das hat Hanne nun aber noch nicht. Überhaupt kein Problem: sie hat eine sehr nette Frau gefunden, die das Wirtepatent besitzt und bis zu Hannes Examen im Restaurant als Köchin arbeiten wird.

17.30 Uhr: Wir haben noch ein zweites Rendezvous. Mit eben jener Frau. Sie kommt, um uns mitzuteilen, daß sie sich anders entschlossen hat. Wir können nicht mehr auf sie zählen.

Liebe Götter, seid ihr nun immer noch neidisch? Da sitzt Hanne nun mit dem unterschriebenen Vertrag – und kann womöglich das Hotel nicht eröffnen. Huch. Was tun wir jetzt?

Vorerst nichts anderes, als nachdenken. Vielleicht kennen wir jemanden, der jemanden kennt, der vielleicht jemanden kennt, der das Wirtepatent hat und Lust hätte, bei uns zu arbeiten.

18.05 Uhr: Hanne kocht uns Spaghetti Antonio. Sie übt, um in möglichst kurzer Zeit ein perfekt gutes Nachtessen auf vorgewärmten Tellern zu servieren. Wir sind momentan von ihren Hotel- und Restaurantplänen mitgerissen, versuchen, uns Ausnahmesituationen vorzustellen. Was geschieht zum Beispiel, wenn da plötzlich ein, zwei Reisebusse voller hungriger Touristen anhalten? Überhaupt, wieviele Personen haben in einem solchen Bus Platz? Hanne notiert, daß sie sich diesbezüglich erkundigen muß. Rina wird ihr das sagen können. Rina, wenn wir sie nicht hätten. Rina kann uns vielleicht auch jemanden nennen, der das Wirtepatent ... siehe oben.

18.58 Uhr: Es ist zwar noch taghell. Die Mädchen gehen die Schafe melken und ich, verzeiht mir, ich gehe schlafen.

*Der unsichtbare Beobachter ist nicht mehr bei uns. Er ist, ermattet vom turbulenten Geschehen des heutigen Tages, in irgend einem Eckchen eingeschlafen.*

\*

Zürich, Tessinermarkt. Bücher unterschreiben. Ich habe mein eigenes, ganz persönliches Zürich und dazu an jenem Markt meine «Stammkunden». Die Fragen, die mir dieses Jahr gestellt werden, kenne ich zum voraus. Die Leser, die mein letztes Buch kennen, stellten sie denn auch.

Erstens: «Wie ging es weiter mit den Spinnweibern?»

Und meine Antwort darauf: «Wir sind riesig stolz, daß sich durch die im letzten Jahr von Susi, Fränzi und mir durchgeführten Spinnkurse eine Fülle von Freundschaften ergeben hat. Die Teilnehmerinnen des einen Kurses treffen sich regelmäßig bei Frieda, die ein großes Bauerngut hat. Sie helfen ihr in Feld und Stall. Annemaries Tochter wird bei Friedas Tochter ein Bäuerinnen-Lehrjahr absolvieren. Judith ist Patin von Ruths Töchterchen geworden. Die Zürcherinnen vom zweiten Kurs treffen sich regelmäßig in Zürich. Nicht am Nachmittag, nicht am Abend: am Sonntagmorgen zum Brunch. Die Spinnfäden sind zu einem Freundschaftsband geworden, das Frauen von Stadt und Land aus allen Altersgruppen zusammenhält.

Und dann: wie schön, daß wir jetzt Heidi kennen. Heidi, unser Komm-mir-zu-Hilfe, wann es gilt, den Botteghino zu betreuen, weil ich aus irgendeinem Grund verhindert bin.

Zweite Frage: «Wie war's in Paris?»

Zur Erklärung: das Geld, das wir mit unseren

Spinnkursen verdient hatten, wurde zur Finanzierung einer Pariserreise verwendet.

Hier gibt's so viel zu erzählen, daß ich – wie alle Jahre wieder – auf das neue Buch verweisen muß.

Von meiner Warte aus gesehen, waren diese Tage eine Art alternativer Wanderferien. Ich kam mir vor wie eine aufgeregte Glucke, die mit mehr oder weniger – eher weniger – Geschick versuchte, ihre beiden Hühnchen unter den Fittichen zu behalten. Nicht, daß die beiden mich etwa allein lassen wollten. Sie hatten bloß ziemlich ausgefallene Ideen bezüglich des Tagesablaufs und bezüglich des sehr, sehr individuellen Programms. Ich kenne Paris gut. Deshalb fügte ich mich den Wünschen der beiden. Schwer aber, sich zu fügen, wenn Susi Lust hatte, auf dem Montmartre oder am Seinequai zu flanieren und Fränzi sich für nichts, aber rein nichts anderes interessierte, als Schaufenster mit Kleiderauslagen zu besichtigen. Noch lieber: Kleider anzuprobieren, oder den lieben, langen Tag mit der Untergrundbahn zu fahren. Die Sacré-Cœur-Kirche war für Fränzi nichts anderes als «säbi Chüuche – jene Kirche». Für das Panthéon zum Beispiel, für den Dôme des Invalides, die Tuilerien, hatte sie nur ein Achselzucken übrig. Da konnte ich im Stile eines gewiegten Fremdenführers einführende und erklärende Worte anbringen, soviel ich wollte.

In einem Punkte waren wir uns einig: über das Essen. Französische Küche war uns zu teuer. Italienische Küche haben wir zu Hause. Indonesische Küche versuchten wir und ernteten das Mißfallen des Kellners, weil wir die in eine Art Reispapier, das wie Plastik aussah, eingewickelten Salatrollen auspackten und ohne Plastik essen wollten. Die griechische Küche hingegen, die fand unser aller Wohlgefallen. Wir sind nun Experten für griechische Restaurants in Paris und haben beschlossen, es uns auf unserer nächsten Spinnkursreise einfacher zu machen: wir fahren direkt nach Griechenland!

In Versailles besichtigten wir nicht das Schloss, sondern «le petit hameau», jenes verträumte Dörfchen, das für Marie Antoinette errichtet wurde, damit sie Schäferin spielen konnte. Schön war es dort. Nur die Schafe fehlten. Wir sehnten uns nach unseren Tieren.

In einem andern Punkt hatte ich die beiden Mädchen gegen mich: sie beschlossen, die ganzen Champs-Elysées aufwärts zu spazieren. Nicht etwa brav auf dem Fußgängersteig; nein, in der Mitte der Fahrbahn, dort wo linkerhand die Autos vom Arc de Triomphe herunterdonnerten und rechts heraufrasten. Da, Entschuldigung, da machte ich nicht mit. Schließlich mußte doch jemand Gesunder da sein, der die Verletzten identifizieren konnte. Um das Ganze auch wirklich spannend zu machen, führten sie ihr Vorhaben abends so gegen zehn Uhr durch. Ich ging dem äußersten Trottoirrand entlang, hielt ständig Ausschau, langte schweißgebadet auf der Place de l'Etoile an. Da hüpften sie auch noch, mitten durch den Kreisverkehr, zum Triumphbogen. Natürlich nicht auf dem Fußgängerstreifen, sondern irgendwie kreuz und quer.

Mein Alptraum, ich sei mit einer Schafherde beim Grabmal des Unbekannten Soldaten und General de Gaulle schelte mich deswegen, erfüllte sich damit auf gräßliche Weise. Schelte hätte ich von den Eltern der Mädchen gewiß zu erwarten gehabt, hätten sie von diesem Unterfangen gewußt.

Irgend ein lieber Schutzengel, es muß einer aus Froda gewesen sein, hat uns aber alle begleitet. Wir langten vergnügt und todmüde wieder zuhause an. Ob unsere Griechenlandreise je stattfindet? Wenn nein, mir macht's nichts aus. So schön wie es bei uns ist, kann es auch dort nicht sein.

\*

In Zürich steige ich immer in demselben Hotel ab. Dasjenige, das ganz, ganz nah am hintern Bahnhofausgang ist. Italienische Bauarbeiter,

Freunde von mir, haben mir einmal erklärt, daß sie in der Fremde am allerliebsten möglichst nahe beim Bahnhof wohnen. Die Nähe der Eisenbahn, die einen heimbringen könnte, ist tröstlich. So geht es auch mir.

Das Quartier, in dem mein Hotel gelegen ist, hat eine seltsame Atmosphäre. Lagerhäuser, Gemüse en gros-Geschäfte im Parterre, Massagesalons, Sauna in den oberen Stockwerken. Kein Garten, kein Baum, keine Blume, alles Grau in Grau – auch die Wäsche, die auf dem Dach des gegenüberliegenden Hauses im Winde flattert.

Die Einrichtung der Hotelzimmer fasziniert mich. Gemusterter Teppich, anders gemusterte Vorhänge, noch anders gemusterte Tapeten. Jedesmal, wenn ich dort absteige, bin ich auf die gewagten Farb- und Materialkombinationen in meinem Zimmer aufs neue gespannt.

Was ich mag, sind ein eingebauter Haarfön und ein Fernsehapparat. Zuhause brauche ich beides praktisch nie. Hier bin ich darüber froh. Fönen geht schneller als das Haar von selbst trocknen zu lassen. Fernsehen tröstet über die Einöde der Stadt, des engen Zimmers hinweg. Die Zivilisation hat mich. Ich fühle mich einsam, einsam, müde, leer, ausgepumpt, sehr, sehr allein. Da wären unzählige Freunde, die ich anrufen könnte, wo ich wohnen, essen könnte, wo ich nicht allein wäre. Trotzdem ziehe ich die Anonymität des Hotels vor.

Die Stadt macht mich müde. Körperlich und seelisch. Da ist Alleinsein am erholsamsten. Ich lasse mich einlullen von ungewohnten Geräuschen, dem Kreischen der Trambahn, die in eine Kurve fährt, vom Hupen von Autos, erschrecke ob irgend einem Gegröle, höre in der Ferne die Sirene eines Ambulanzwagens, tröste mich, daß ich mich morgen in den Zug setzen kann. Perron eins. Bis dorthin brauche ich nicht einmal fünf Minuten zu gehen. Und der Zug fährt ohne Halt bis Bellinzona.

\*

Wir machen ein Experiment. Eines, worüber man vielleicht den Kopf schütteln mag, das ich aber nun, nach einwöchiger Erfahrung, bestens empfehlen kann. Wir haben für uns ganz privat die Mitteleuropäische Sommerzeit eingeführt. Man steht nun einmal leichter auf, wenn der Wecker um sechs Uhr läutet – auch wenn es dann eigentlich erst fünf Uhr wäre. Dafür müssen wir uns einprägen, daß der erste Postbus jetzt erst um halb zehn ankommt, statt eine Stunde früher, daß die Mädchen am Mittwoch nun um drei Uhr in der Italienischstunde sein müssen. Das funktioniert bestens – und abends ist es eine Stunde länger hell. Wenn es gegen zehn Uhr dunkelt, gehen wir schlafen. Lichtstrom brauchen wir praktisch keinen mehr. Jetzt gerade – es ist offiziell morgens um sechs Uhr – bimmeln die Glocken. Wir haben bereits ein kurzes Frühstück hinter uns, die Katzen sind gefüttert, Susi und Margrith melken die Schafe, Rosy besorgt Hühner und Kaninchen und ich beschreibe, weshalb wir unsere Sommerzeit haben:

Margrith kommt nicht nur aus Drogenkreisen, auch aus Protestkreisen. Sie kann sich ungeheuer ereifern, wenn es darum geht, über Autoritäten, irgendwelche Behörden loszuziehen. Eines ihrer Lieblingsprotestthemen sind Atomkraftwerke.

«Man darf das einfach nicht ...»
«Diese Leute sind engstirnig ...»
«Atomkraftwerke versauen unser Land ...»

Um es allem vorweg zu nehmen: auch ich bin gegen Atomkraftwerke. Eigentlich müßte ich sagen: ich bin gegen alle Kraftwerke. Es kann einem auch übel werden, wenn man von uns aus talwärts fährt und den jetzt gerade beinahe leeren Stausee sieht, die öden, steinigen, steilen Ufer, die einst mit Weinbergen bestanden waren, die Ruinen von Häusern, in denen Familien jahrhundertelang wohnten. Am Toten Meer ist die Landschaft lebendiger.

Aber: Elektrizität ist eine schöne Sache. Am

Schalter drehen: Licht machen, aufs Knöpfchen drücken: Musik hören.

Ich argumentiere nun mit meiner Jungmannschaft so, daß nur der das Recht hat, gegen die Atomkraftwerke zu protestieren, der beweist, daß er Strom zu sparen imstande ist. Sinkt der Strombedarf, braucht es keine neuen Energiequellen – ergo braucht man keine neuen Atomkraftwerke zu bauen, ergo müßte man nicht einmal protestieren.

Gewiß, es darf über unsere naive Idee gelächelt werden. Was nützt die Einsparung von elektrischem Strom in einem kleinen Haushalt, wenn Autobahnen auf weite Strecken nachts taghell beleuchtet werden, wenn Schaufenster auch zu später Nachtstunde ihre Ware im schönsten Scheinwerferlicht zeigen dürfen, Leuchtreklamen leuchten?

Wir tun das, was wir tun können. Dächten und handelten alle so, wäre vielleicht ein Schritt, vielleicht bloß ein Schrittchen getan. Auch hier ist, wenn auch in abgewandeltem Sinn, jenes Zitat angebracht:

«Im Hause muß beginnen, was leuchten soll im Vaterland.»

Besonders wenn das, was leuchtet, keinen Strom braucht, sondern zum Beispiel den Willen, den elektrischen Strahler in der Dusche nicht einzuschalten, das Geschirr von Hand abzuwaschen oder die Uhren um eine Stunde vorzustellen.

*

Eine weitere Art, Energie zu sparen, übten wir unfreiwillig letztes Jahr:
Die nächste talwärts gelegene Gemeinde bekam ein Kanalisationssystem. Das Verlegen der Röhren war an einem allereinzigen Ort möglich: dort, wo die Talstraße verläuft. Eine Straße, so eng, daß zwei Autos nicht kreuzen können. Die Baumaschine, die für den Aushub des Grabens eingesetzt wurde, war so breit, daß sie beinahe die Straße ausfüllte. Aushubarbeiten unter diesen Bedingungen durchzuführen, war bloß möglich, wenn man den Verkehr lahmlegte. Das taten die Behörden denn auch. Von halb acht Uhr morgens bis halb sechs Uhr abends war während zweier Monate die Straße gesperrt. Es gab keine Umleitungsmöglichkeiten. Die drei hinter der Sperrung gelegenen Dörfer waren während des Tages vom Verkehr, mit Ausnahme des Postkurses, total abgeschnitten.

Wer aufwärts fahren wollte, benutzte entweder mit Umsteigen das Postauto – oder er fuhr vor der Schließungszeit weg und kam nachher heim.

Niemand jammerte laut, ein paar seufzten wohl ganz leise. Aber weil seufzen nichts nützte, dachten wir uns andere behelfsmäßige Verbindungsmöglichkeiten aus:

Wer unbedingt talwärts mußte, stellte sein Auto abends unterhalb der Baustelle ab und meldete das möglichst vielen, die oberhalb wohnen. Meist gab es den einen oder andern, der selbst auch nach Locarno wollte. Der gelangte dann mit seinem Auto bis oberhalb der Baustelle, man überkletterte gemeinsam Schutthaufen, beschaute die tief in der Erde liegenden Röhren. Die kilometer- und somit benzinschluckende Strecke wurde anstelle von zwei bis drei Autos bloß von einem zurückgelegt. Die gemeinsame Fahrt gab Gelegenheit zu Gesprächen. Da und dort gab es dadurch Möglichkeiten, sich zu helfen. Es gab Anregungen, die vom Austausch von Zimmerpflanzen und Kochrezepten bis zu Stellen- und Ferienwohnungsvermittlung und vielleicht viel weiter gingen.

Der Strom der Touristen, der bereits in bescheidenem Maße eingesetzt hatte, wurde vom Postauto bloß bis zur Baustelle mitgenommen.

Touristenstopp? Mitnichten! Sie wanderten eben zu Fuß weiter. Sie genossen es, auf der beinahe autofreien Straße zu gehen. Die Tüchtigen wagten sich bis Roviso: zwei Stunden hin, zwei Stunden zurück. Optimisten gingen ebenfalls bis ans Ende des Tals, hoffend, daß irgendein Privatauto sie wieder zurück zur Baustelle führte. (Ich glaube, keiner wurde enttäuscht.) Zaghafte wagten sich nur so weit talaufwärts, wie sie wiederum zurückzulaufen vermochten.

Die Landwirtschaftliche Genossenschaft brachte Futtermittel bis unterhalb der Baustelle. Irgendeiner holte sie abends dort ab, füllte sein Auto bis obenauf, machte Verteilung. Es ging auch so.

Ich weiß nicht, ob alle Betroffenen sich Gedanken darüber machten, daß diese Isolierung uns gut tat. Abhängig voneinander sein erzieht zu Toleranz gegeneinander. Wer nicht tolerant sein will, wird isoliert – und muß dann möglicherweise recht ungern um Hilfe bitten.

Ich berichte nicht hierüber, um damit künstliche Straßensperren anzuregen. Aber ich glaube, daß die in unserem Fall erzwungenen gemeinsamen Fahrten Kontakte ergeben haben, die weiterdauern, auch wenn seither die Straße längst wieder offen ist. Daß wir damit auch Benzin gespart haben, ist eine äußerst erfreuliche Nebenfolge. Wer weiß, vielleicht sind wir gar nicht so weit vom Zeitpunkt weg, wo Energie-Sparen beinahe so wichtig sein wird, wie Kontakte schaffen. Aber so wertvoll und damit teuer auch Energie werden kann, Kontakte werden immer noch wichtiger sein!

*

Nun ist's Mitte Mai. Heute schneit es. Es schneit von den Kirschbäumen, wenn der Wind Blütenblättchen fortträgt. Da und dort sieht man Leute im Garten, im Kartoffelacker. Auch ich habe es lernen müssen: Hier vor Mitte Mai Gartenarbeit machen zu wollen – es ist sinnlos vertane Zeit und sinnlos verbrauchtes Saatgut. Es sei denn, man hätte ein Mistbeet. Unser eigentliches Planziel ist ein Treibhaus. Mit Folientunnels haben wir nicht besonders gute Erfahrungen gemacht. Die Erde ist zu steinig, um die Verankerungen der Folienbogen ganz genau am richtigen Ort anzubringen. Dazu kommt, daß der Wind im engen Tal größere Wucht hat. Praktisch sind die geschlitzten Flachfolien, die bis zur Ernte auf den Kulturen liegen bleiben sollten. Wir entfernen sie allerdings lieber schon vorher. Ein Gemüsebeet ist offen doch am hübschesten anzusehen.

Gartenarbeit: Wie sehr mag ich sie! Und am allerliebsten mag ich sie im Frühjahr. Auf der warmen Erde knien, ihren Geruch in mich hineintrinken. Irgendwelche Samenkörner einbetten, begleitet mit den allerbesten Wünschen sorgsam zudecken, mit der Brause temperiertes Wasser darübergießen ...

Susi und Margrith finden, Ernten sei die schönste Gartenarbeit.

Für mich ist es Säen. Säen ist Hoffen auf das

Wunder des Keimens. Ernten ist dessen Bestätigung. Ernten ist aber auch etwas Materielles. Man gewinnt Ware, die man irgendwie verarbeiten, verwerten muß. Die Poesie, der Zauber, der liegt im Säen. Vermutlich mag ich deshalb jenes lieber.

\*

Nun hat auch die Zeit der Wegwerf-Touristen wieder begonnen! Mein Ärger über sie kommt jedes Jahr im Frühling wieder hoch. Nicht nur bei mir. Bei allen meinen Nachbarn. Vermutlich bei sämtlichen Bauern, deren Äcker, Felder und Weiden im Bereich von Wanderwegen, Ferienlagern, Picknickplätzen, Aussichtspunkten liegen.

«Schreib doch endlich, daß Touristen ihre Hunde nicht frei laufen lassen sollen. Sie verjagen sonst meine Schafe.» Dies hat mir Emilia schon vor drei oder vier oder fünf Jahren gesagt.

«Könntest Du nicht mal schreiben, die Ferienleute möchten doch die Wege beachten und nicht immer meine Heuwiesen zertrampeln?» Das wünscht sich Odivio.

«Mir haben wandernde Kinder alle erreichbaren Äste vom Kirschbaum gerissen. Schreib doch, daß sie, wenn sie schon Kirschen stehlen wollen, nicht gleich auch den ganzen Baum ruinieren», jammert Silvia.

Diese Liste könnte ich ins Unendliche verlängern.

Dann kommen auch meine eigenen höchst unangenehmen Erfahrungen hinzu.

Letzten Sommer war auf der meiner Weide gegenüberliegenden Fluß-Seite ein Jugend-Ferienlager. Sie erkoren sich die Weide aus für die Absolvierung eines Hindernisrennens. Sie steckten es aus mit Fähnchen. Der Parcours ging durchs saftigste Gras, da, wo die Tiere noch nie gefressen hatten. Der Jüngling, den ich deswegen zur Rede stellte, erklärte mir, die abgeweideten Wiesenteile seien ungeeignet, da darauf zuviel frischer Dung liege ...

Nach dem Rennen, das trotz meiner Bitten durchgeführt wurde, sah die Wiese aus wie die Kampfbahn einer Panzertruppe. Und dabei hätte es einen Kilometer talwärts den schönsten Sportplatz. Die herumliegenden, geknickten, zerfetzten Fähnchen habe ich zähneknirschend eingesammelt. Zusammen mit unzähligen Kaugummipapierchen. Zusammen mit allerlei höchst unappetitlichen menschlichen Abfällen verschmierten Papierresten, mit einigen unverbrauchten giftigen Meta-Tabletten.

Daß nicht viel öfter auf die Mißachtung bäuerlichen Eigentums hingewiesen wird, liegt wohl daran, daß Bauern selten zur Feder greifen, um ihrem Unmut Luft zu machen. Ich habe es nun stellvertretend für viele getan, bin aber gar nicht so sicher, ob es nicht wirksamer wäre, anstelle der Schreibmaschine die Heugabel zu nehmen.

\*

Susi hat Ausschlaf-Tag, Margrith ist im Urlaub, Rosy, Guido und ich besorgen die Tiere. Rosy – ich hab' sie noch gar nicht gebührend vorgestellt – dreiundzwanzig – ist Lehrerin. Sie hat ein halbes Jahr Urlaub, den sie bei uns verbringt. Sie will Anregungen und Ideen sammeln, um ihren Kindern mindestens eine Ahnung vom Leben mit Tieren zu vermitteln. Guido, zwanzig, will ebenfalls Lehrer werden, kommt während Ferien- und Feiertagen zu uns als willkommene Hilfe. Unser Lehrerteam ist im Melken noch nicht so geübt, daß es allein den ganzen Stallbetrieb bewältigen könnte. Also helfe ich wieder einmal bei der Fütterungsarbeit mit.

Man mag denken, es sei kinderleicht, Tiere zu besorgen. Wenn man es aber bloß mechanisch tut, dann kann es einem entgehen, daß da zum Beispiel bei den Kaninchen ein Jungtier kümmert, dort eines niest, hier eines von Ohrräude befallen ist. Ich berühre wieder einmal Holz, bevor ich es sage: bei mir hat noch nie ein Kaninchen an Blähsucht gelitten. Ich achte streng darauf, daß die Tiere nie, aber gar nie feuchtes Gras oder feuchtes Laub zu fressen bekommen. Beim Füttern wird ihnen immer zuerst Heu vorgesetzt, dann eine Handvoll Körnermischung und ein Brei von Gerste und Kleie, mit etwas Milch angefeuchtet. Erst zuletzt gibt es – sozusagen zum Dessert – etwas Frisches.

Tierpflege ist ein ausgezeichnetes Erziehungsmittel. Auch wer nicht unbedingt gerne exakt arbeitet, tut es einem Tier zuliebe eher. Gewöhnt man es sich dort an, färbt es auch auf andere Arbeiten ab. Einzige Voraussetzung, die ich deshalb an all meine Mitbewohner stelle, woher auch immer sie kommen: sie müssen Tiere gern haben.

Rosy will wissen, was wir mit dem kümmernden Häschen tun: wir geben der ganzen Familie zusätzlich zum übrigen Futter mit Milch zu einem Brei angerührte grobe Haferflocken. Die Mutter hat offenbar zu wenig eigene Milch für alle Kinder.

Und dasjenige, das niest? Es ist ein ausgewachsenes Tier und bekommt heute und morgen je eine Achtel-Kindertablette «Bactrim». Dann ist es mit beinahe hundertprozentiger Gewißheit wieder gesund.

Und das Kaninchen mit der Ohrräude?

Da habe ich ein möglicherweise seltsam scheinendes Rezept von Bruno aus Bergamo. Ich versuchte es, weil ein in der Apotheke erhältliches

Medikament nicht gut wirkte, war zuerst skeptisch, brauche es aber seither immer bei den allerdings seltenen Fällen dieser Krankheit:

50 ccm Olivenöl, 50 ccm reines Petrol und einen gestrichenen Eßlöffel Schwefelpulver miteinander gut mischen. Die Lösung mittels eines Wattestäbchens einmal täglich auf die Räudekrusten auftragen. Auch wenn sie sich sofort ablösen die Behandlung während drei Tagen fortsetzen.

Voraussetzung ist – wie bei allen Lebewesen – daß Krankheiten im Frühstadium erfaßt werden. Ich habe bei mir eine Art Frühwarnsystem eingebaut, beobachte alle meine Tiere während des Fütterns. Eines, das sich absondert, sei es nun ein Schaf, ein Huhn, ein Kaninchen, das wird untersucht. Meist aber bleibt es dabei, friedlich kauenden, knabbernden, pickenden, trinkenden Geschöpfen zuzuschauen. Tiere sind für den, der ihnen das Futter reicht, dankbare Kunden.

Mich macht die morgendliche Stallarbeit für den Rest des Tages zufrieden. Mag man mich deswegen als Ketzer ansehen: Tiere pflegen, Tieren dienen, kann Morgen- oder Abendandacht sein. Ich sammle meine Gedanken, streichle da und dort über ein Fell, kraule ein stupsendes Mäulchen, bücke mich zu Fritzli, der um meine Beine streicht. Fritzli schaut mir in die Augen. Er hat einen ganz besonderen Blick, wenn er vorhat, sich hoch ausgestreckt auf die Hinterbeine zu stellen und sein Köpfchen an meiner Stirn zu reiben. Wie viel würde in unserem Tag fehlen, hätten wir unsere Tiere nicht!

\*

Heute ist Freitag, der dreizehnte Juni neunzehnhundertachtzig. Ich sitze im Garten am runden Tisch. Marino bimmelt sein Sechs-Uhr-Morgengeläute. Die Glyzinie, die sich ums Terrassengeländer schlingt und bis zur Spitze der Fahnenstange geklettert ist, blüht. Eines der Geißblätter blüht. Bis die Sonne aufgeht, bin ich in Duftwolken eingehüllt.

Die Hühner scharren im Hof, eines gackert bereits, die Enten schnattern, Susis Zicklein – es heißt Lise – meckert. Fritzli sitzt neben mir und drückt Katzenpfoten-Stempelchen auf das reingeschriebene Manuskript. Er stupst mit seiner Nase meine Nase. Sein Fell riecht nach Geißblatt. Bona nagt an einem Knochen.

Ich lese ein letztes Mal durch, was sich auf diesen Seiten an Gedanken, an Erlebtem, an Hoffnungen angesammelt hat, und nehme Abschied. Abschied von einem Stoß sauber getippter Seiten. Ein Manuskript wegsenden ist wie ein Kind in die weite Welt schicken.

«Großer Stall – kleines Haus». Gut so. Im

kleinen Haus wäre viel weniger Zufriedenheit und Glück, wären die vielen Tiere nicht. Schön, zu wissen, daß der Stall für sie groß genug ist. Schön auch, zu hoffen, daß irgendwann vielleicht auch das Haus ein bißchen größer wird.